나답게 사는 순간,
비로소
어른이 되었다

나답게 사는 순간,
비로소
어른이 되었다

세상의 잣대에서 벗어나
내 삶의 주인으로 사는 법

유세미 지음

차례

1장

봄, 나 자신을
아는 것으로부터 시작하라

2장
여름, 갉아먹는 관계와 이별을 준비하라

3장

가을, 마지막까지
성장할 각오로 살아라

4장

겨울, 후회와 상처를
마주해서 성숙해져라

나를 스쳐 지나간
모든 기쁨, 슬픔, 아픔에게

지금 당신의 인생은 어느 계절을 지나고 있습니까?

한 사람의 삶은 사계절을 닮아서 흐름에 따라 계절마다 해야 할 일이 반드시 존재합니다. 계절의 순환에 따라서 그때그때 해야 할 일을 한다면 인생을 잘 보낼 수 있으리라 믿습니다. 인생의 중반을 막 넘어선 분이라면 아마 가을의 초입에 다다랐을 겁니다. 흔히 가을은 추수의 계절로 봄과 여름 동안 성실하게 키운 곡식을 거둬들이는 시기를 의미합니다. 우리 삶의 주기도 그렇습니다. 중년기는 청년기에 뿌려놓은 노력의 결과를 하나둘씩 거둬들이는 때입니다. 물론 100퍼센트 원하는 결과를 맞이하지 못할 수도 있지만 좌절하지 말고 주위를 둘러보세요. 분명 당신 곁에 남은 게 있습니다. 하나뿐인 가족일 수도 있고, 힘들 때 술 한잔하는 친구일 수도 있고 경력이 될 수도 있습니다.

중년, 이맘때는 보내야 할 건 보내주고 남겨야 할 건 남기면서 재정비해야 할 시기입니다. 여기에서 보내야 할 건 후회와 걱정이고, 남겨야 할 건 무엇이든 유연하게 받아들이는 태도입니다. 이를 바탕으로 노력이라는 씨앗을 새롭게 뿌리면서 살면 말년에는 진정으로 바라는 걸 얻을 수 있을 겁니다. 한겨울에도 아름답게 피는 꽃이 있으니까요. 꽃이 피는 포근한 겨울을 보낼지, 먹을 거 하나 없는 혹독한 겨울을 보낼지 모든 건 당신의 선택에 달려있습니다.

그렇다면 이 태도는 어떻게 가질 수 있을까요? 이 역시 사계절의 흐름에서 배울 수 있습니다.

《나답게 사는 순간, 비로소 어른이 되었다》는 사계절을 바탕으로 때에 맞는 인생 해법을 제시하고 있습니다. 만물이 온통 싹을 틔우며 깨어 일어나는 봄은 나 자신에게 집중하기 좋은 시기입니다. 인생은 알 수가 없죠. 어디까지가 내 노력이고 행운인지도 모호할 때가 많습니다. 그래서 내 인생의 목표에 초점을 맞춰 전력투구해야 할 때가 봄입니다.

여름은 뭐니 뭐니 해도 뜨겁게 사랑해야 하는 계절입니다. 내가 맺고 있는 인간관계는 어떻게 가꿔나가야 할까요? 인생을 살아가면서 인간관계를 잘 관리하는 사람은 아주 영리하고 유리한 입장에 있는 사람입니다. 인간은 누구도 혼자서는 살아갈 수 없잖아요? 부대끼며 사는 세상에서 타인과 좋은 관계를 잘 맺는다면 이미 한 수 위에서 시작하는 거니 그 비결을 무조건 인생의 무기로 삼아야죠.

가을은 진정으로 행복해질 수 있는 방법을 배움에서 찾는 계절입니다. 나의 작은 세계에 쌓인 경험만을 기준으로 삼고 이미 학습된 무력감으로 자기 자신을 옥죄는 편견과 고정관념을 이제는 떨칠 때가 됐죠. 다시 배우고 성장할 수 있는 방법을 찾아봅시다.

겨울은 그 자체로 무엇이든 유연하게 받아들일 수 있는 시기입니다. 지나간 시간을 돌아보고, 놓아줄 건 놓아주며, 나를 위로하기에 좋은 시기이죠. 그뿐인가요. 마음이라는 밭에 또다시 내가 바라는 노력과 희망의 씨앗을 심는다면 겨울일지라도 진정으로 원하는 것을 얻을 수 있는 기적이 일어나는 시기이기도 하죠. 그렇게 봄을 기다리는 겁니다.

이 책은 계절을 따라 구성했지만, 어느 계절을 먼저 펼쳐 읽어도 상관없습니다. 인생은 봄, 여름, 가을, 겨울순으로, 내가 예상했던 대로 흘러가지는 않으니까요. 몇 살이건 간에 봄을 두 번 맞을 수도 있고, 가을을 오래 누릴 수도 있습니다. 그러나 누구든 어떤 계절을 어떻게 겪든 인생이 그리 수월하지는 않습니다. 나무도 계절에 따라 자신의 모습을 달리하는 게 어디 쉬운 일이겠습

나답게 사는 순간, 비로소 어른이 되었다

니까. 죽을힘을 다할 때와 그저 잠잠히 쉬어야 할 때를 잘 알고 최선을 다하는 거겠죠. 우리 역시 인생의 계절에 충실해야 합니다. 그 방법으로 오늘도 서툴지만 나 자신을 믿고 매일 더 좋은 인생으로 한발 내미는 것입니다.

이 책을 그 한 걸음을 알려주는 작은 등불로 삼으면 어떨까요? 매일 당신의 책상 위에서 오늘의 한 걸음을 위해 친구처럼 동행하겠습니다.

작가라는 이름을 얻은 후 다섯 번째 책입니다. 제가 쓰는 글에 얼마나 책임을 지고 살고 있는지 문득 두려워집니다. 엎드려 낮은 마음으로 제가 쓴 글처럼 살아가고 싶습니다. 그것이 나 자신에 대한, 독자분들에 대한 예의니까요.

책이 나오기까지 많은 분들의 도움이 있었습니다. 깊은 감사의 마음을 전합니다. 사랑의 빚만 자꾸 늘어나는군요. 이 책이 인생 어느 계절의 모퉁이에서 서성이는 누군가에게 가 닿기를 진심으로 바랍니다. 필요한 만큼 지혜가 되고, 용기가 되고, 때로는 위로받기를, 그렇게 1만분의 1이라도 빚을 갚을 수 있기를 소망합니다. 고맙습니다. 사랑합니다.

창밖으로 가을이 지나가는 날에
유세미

1장

봄, 나 자신을
아는 것으로부터 시작하라

자기 자신을 정확히

아는 것으로부터 시작하라.

- 프리드리히 니체

삶의 모든 순간이
행운이었다

오십은 인생의 전반전을 끝내고 이제 막 인생의 후반전을 시작한 나이다. 예순이 넘은 내 지인은 이러한 의견을 달가워하지 않는다. 오십은 인생의 전반전, 경기 종료를 알리는 휘슬이 울릴 때까지 한 골이라도 더 넣기 위해 미친 듯이 뛰어야 하는 시간이란다. 어느 쪽이든 상관없다. 전반전이 끝났든, 끝나지 않았든 내 인생을 위해 최선을 다해야 하는 시기인 것은 분명하니까.

그런데 최선을 다하는 것, 노력만큼이나 중요한 게 행운이다. 약간의 운도 따라줘야 인생이 술술 풀리기 때문이다. 그렇다면 어떻게 해야 행운을 내 앞으로 끌어당길 수 있을까? 그 전에 내 인생을 한번 돌아보며 나를 스쳐 지나간 행운이 있는지 곰곰 생각해보자. 신기하게도 결과론적으로 보면 인생의 모든 마디가 행운으로 이어져왔다는 사실을 발견할 수 있다. 돌아보면 우리 인생은 모든 순간이 행운이었다. 나 역시 마찬가지다.

첫 번째 행운. 나는 월간지 취재기자로 사회생활을 시작했는데 첫 직장은 행운으로 가득한 곳이었다. 3년 남짓한 회사생활을 참 재미있게 보냈다. 직원도 몇 명 안 되는 데다 월급은 박봉에 밥 먹듯이 야근을 해야 했고, 사무실에서 야식으로 늘 라면만 끓여 먹었는데도 좋았던 이유는 일을 빨리 배울 수 있어서였다. 일손이 늘 부족하다 보니 인턴기자도 현장에 나가서 무조건 기사를 써내야 했다. 당시 유행하던 무크지를 만들기 위해 입사한 지 반년도 안 돼서 전국을 돌며 쉼 없이 취재하고, 엄청난 분량의 원고를 써댔다. 일을 빠르게 하고 상황과 관계없이 무조건 되게 하는 방법을 찾는 습관은 이때 다 배운 듯하다.

두 번째 행운은 삼성물산으로의 이직이었다. 재미있는 회사도 좋지만, 큰물에서도 한번 놀아볼까 싶은 마음에 도전한 회사였다. 규모가 큰 만큼 산전수전을 다 겪었고, 이 역시 행운이라면 행운이었다고 생각한다. 다만 나쁜 상사가 유독 많았다. 이 사람 밑에서 버티면 다른 상사들은 다 쉬울 거라는 말에 열심히 버텼는데 이후에 더한 상사에게 시달리기도 했다. 나쁜 거래처도 많았다. 눈 하나 깜짝하지 않고 입 밖에 낸 적도 없는 말을 내가 했다고 주장하는 거래처 사장을 보며 '아, 사람이 저렇게 못돼먹을 수도 있구나' 싶었다. 이런 환경이 자연스럽게 '이기는 방법'에 대해 골몰하게 만들었다. 실력과 실적만이 나를 증명한다는 오기가 30년 가까운 직장생활 내내 나를 지배했다.

세 번째, 애경으로 소속을 옮기고 임원이 된 것 역시 행운이 90퍼센트 이상을 차지했다고 생각한다. 일을 열심히 하고 잘하는 직원들이야 차고 넘친다. 기업에서 임원으로 승진한다는 건 일만 잘하는 것으로는 부족하다. 내가 승진할 무렵에는 여성 임원의 필요성에 관해 여러 차례 이야기가 오가던 중이었고, 이러한 분위기가 사내에 은은히 깔려 있었다. 이러한 흐름을 타고 기업 역사상 최초의 여성 임원이 되었다.

안타깝게도 임원이 된 기쁨은 그리 오래가지 못했다. 임원 3년 차에 나는 느닷없이 퇴직했다. 당시 고등학생이던 아들이 갑작스럽게 병에 걸려서 하루아침에 29년 직장생활을 정리해야만 했다. 얼마나 치열하게 경쟁해서 얻어낸 자리인데, 막상 버리자고 마음먹으니 사실 아무것도 아니었다. 사람들은 나를 동정했다. 그렇게 악착같이 하더니 결국 애가 아파서 그만두네, 여자는 그저 애 키우고 살림하는 게 제일 남는 장사니 어쩌고저쩌고, 조선시대에나 통할 법한 뒷소리를 한참이나 들었다.

인생 최대의 불행인 줄 알았던 그때가 인생 최대의 행운이었다는 걸 누가 알았을까? 1년 반 동안 아픈 아들을 돌보면서 인생에서 겪을 수 있는 모든 절망과 아픔을 겪고, 암담하고 막막한 시간을 보냈다. 다행히 감사하게도 아들은 누가 보면 헬스 트레이너로 알 정도로 건강해져서 학업을 이어가고 군복무도 마치고 멋진 공무원이 되었다. 나 역시 백수에서 맨땅에 헤딩하듯 겁 없이 뛰어든 덕분에 베스트셀러 작가이자 20만 유튜버, 기업 전문 강연가로 즐겁게 살고 있다. 퇴사하던 당시에는 생각지도 못했던 전개다. 역시 인생은 알 수 없는 것, 그래서 재미있고, 그래서 살아볼 만한 가치가 있는 것이다.

행운으로 인생을
채우는 법

진주를 꿰듯 행운으로 알알이 꿰어 인생이라는 목걸이를 만드는 일은 수월하지 않다. 행운은 저절로 오는 게 아니라 어렵게, 애를 써서 낚아채야 하는 것이기 때문이다. 내가 겪어온 모든 일이 행운이라고 하면 사람들은 대부분 손사래를 친다. 어디까지나 피땀 어린 노력으로 만들어진 것이지, 행운으로 쉽게 얻은 게 아니라는 의미다. 그 말도 맞다. 그렇다면 어디까지가 노력이고 어디서부터 행운일까.

행운으로 인생을 채우려면 반드시 짚고 넘어가야 할 게 있다.

첫 번째, 일단 지금 시작해야 한다. 시간도, 사람도 나를 기다려주지 않는다. 나와 관계없이 모든 것이 각자의 속도대로 한결같이 흘러간다. 그러니 지금 내 상황 앞에서 핑계 대지 말아야 한다. 괜찮아질 때까지 아무도 기다려주지 않으니까. 우리는 자주 상황 탓을 한다. 영어 회화를 하기는 해야 할 텐데 지금 회사 프로젝트가 너무 밀려서, 혹은 아이가 어려서, 때로는 요즘 몸이 안 좋아서……. 그런 핑계에 '그래, 좋아! 기다려주지'라고 시간이 멈추지 않는다. 만약 하고 싶거나, 해야 하거나, 하면 좋겠다 싶은 일은 그냥 지금 해야 하는 이유이기도 하다. 아이 둘 낳은 워킹 맘이던 나도 일본에 있는 한 회사와 파트너가 되었을 때는 통역이 답답해 새벽 6시 30분에 시작하는 일본어 수업을 3년 내리 들었다. 시간과 상황은 내 사정을 알아주지 않는다. 해야 하는 일은 당장 해야 한다.

두 번째, 몸 관리를 잘해야 한다. 아프다고 해서 내 사정을 봐주는 사람은 없다. 이 회사는 내가 아니면 안 돌아간다며 야근을 거듭하거나, 혹은 철마다 커튼까지 뜯어 빨며 '살림은 헉 소리 나게 해야 주부지!'라며 자신의 몸을 혹사해도 아무도 알아주지 않는다. 그러다가 병이 나도 그렇게 무리했으니 아픈 게 당연하다며 우리를 다독여줄 사람은 아무도 없다. 아프면 기회도 없다는 걸 명심하자. 나 자신에게 집중해야 한다. 내 몸도 내가 챙기고,

내 마음도 내가 살피며 나를 돌봐야만 한다.

실력도 챙겨야 기회가 생기고 기회를 낚아채야 행운이 된다. 이렇게만 봐도 어디까지가 노력이고 어디까지가 행운인지 구분하기가 어렵다.

그런데 꼭 구분해야 할까? 나는 말하고 싶다. 행운을 바란다면 일단 노력부터 하라고 말이다. 노력은 행운이 찾아올 때 더 기쁜 마음으로 반갑게 맞이할 수 있도록 돕는 존재다. 행운이 왔을 때 행운이 나에게 잠시라도 더 머무르게 하는 노력도 중요하다. 기본적으로 가져야 할 태도는 좋은 일이다 싶은 상황에 요란 떨지 않는 것. 누구나 좋은 일이 생기면 자랑하고 싶다. 본능에 가까운 일이다. 그러나 다른 이의 자기 자랑을 좋아하는 사람은 별로 없다. 로또에 당첨되고 하루아침에 주식이 대박을 친다면 나와 함께 뛸 듯이 기뻐할 사람들을 한번 떠올려보자. 결국 가족밖에 없다. 그래서 승진을 하든 땅값이 오르든 아이가 서울대에 떡하니 합격하든 괜히 나서지 않고 엎드려 있는 노력이 행운을 더 오래 유지할 수 있는 비결이다.

자랑하고 싶은 입을 꾹 다물기 위한 노력은 얼마나 품위 있는가. 그런 노력이 필요한 행운의 순간이 우리 곁에 자주 다가오기를 바란다.

초심, 나 자신을
지키는 힘

　내가 우리 동네를 좋아하는 이유 중 하나는 마음에 꼭 드는 서점이 있어서였다. 집에서 걸어서 10분에서 20분 내외의 거리에 좋은 서점과 근사한 공공도서관이 있는 동네가 가장 살기 좋은 곳이라 생각한다. 그런 나의 취향에 꼭 들어맞는 서점이 생긴 것이다. 일반 대형서점과는 달리 북 큐레이터의 야심이 한눈에 들여다보이는, 그야말로 서점의 본질을 꿰뚫고있는 좋은 서점이었다. 베스트셀러 위주로 책을 쌓아놓지도, 중고생 참고서를 무지막지하게 벌여놓지도 않았다. 보석 같은 책들, 독자들에게 선보일 기회가 없어 묻히고 마는 최고의 도서들을 귀신같이 뽑아내 '팔리건 말건 상관없이 이것이 우리 서점의 취향입니다'라고 광고하는 듯했다. 그 서점과 사랑에 빠진 나는 시간이 될 때마다 참새가 방앗간에 드나들 듯 호사롭게 책을 탐닉했다.

아쉽게도 그 서점의 멋진 큐레이팅은 오래가지 못했다. 아마 매출이 나오지 않으니 윗선에서 닦달했을 가능성이 높다. 온갖 압박이 들어왔던지 야금야금 다른 서점처럼 진열 방식이 변하기 시작했다. 처음에는 중고생 참고서가 점점 자리를 넓히더니 나중에는 핑크빛으로 알록달록한 아이들 장난감, 학용품이 대거 쏟아져 들어왔다. 책도 특별한 색깔 없이 베스트셀러 위주로 쭉 진열되기 시작했고, 책이 차지하는 비중은 서점이라는 이름이 무색하게 줄어만 갔다. 문구점인지, 서점인지 구분이 어려웠다. 당연한 결과지만 나는 이제 그 서점을 찾지 않는다.

흔히 우리 인생도 이 서점과 비슷한 경로로 간다. 의외로 이유는 간단하다. '초심'을 잃어서 그렇다.

'내가 처음에 하려던 것은 무엇이었을까?'

이런 질문 앞에 멈춰 서서 막연하게 서성이는 순간이 누구에게나 온다. 어려운 시험을 뚫고 입사했는데 감격은 잠깐이고, 피곤에 찌든 얼굴의 불평만 많은 직장인이 되기도 한다. 참으로 씁쓸한 현실이다. 나 역시 유튜브 채널 〈유세미의 직장수업〉을 시작할 때는 이름 모를 한 사람이 나의 영상으로 위로와 용기를 얻는다면 그것으로 만족한다는 초심으로 시작했다. 그러나 언젠가부터 조회수에 연연하고, 지극히 대중적이며 자극적인 제목 찾기에 급급한 나 자신을 발견하고 말할 수 없는 회의감에 주저앉기도 했다.

초심은 내가 가장 순수하게 원하고, 지키고 싶은 것을 가슴에 품는 일이다. 초심은 나 자신이 아니라 타인에게 집중하고 휘둘릴수록, 그렇게 마음이 지칠수록 점점 더 사라진다. 초심은 오직 나 자신에게 집중해야 오롯이 지킬 수 있다. 그래야 인생의 항로가 흔들리지 않고 순항할 수 있다. 그렇다면 자신에게 집중하는 힘을 어떻게 키울 수 있을까?

나 자신에게
집중하는 법

류한빈 작가의 《아침 1분 아주 사소한 습관 하나》에는 우리가 흔히 알고 있는 토끼와 거북이의 경주 이야기가 나온다. 이 흔한 이야기가 눈길을 끌었던 건 사는 게 힘들 때는 내가 거북이라고 생각해보라는 제안 덕분이다. 거북이는 왜 토끼와 내기를 했을까? 설마 자기가 이길 거라고 생각해서? 토끼가 경기 중간에 한숨 잘 것을 미리 예상하고? 이것도 아니면 자신을 느리다고 놀려대니 자존심이 상해서? 정답은 그냥 묵묵히 자신이 가야 할 길을 걸어간 거라고 작가는 말한다. 누군가 나를 놀려대도, 하찮게 여겨도 신경 쓰지 않았던 이유는 거북이는 스스로를 그렇게 생각하지 않았기 때문이다. 놀랍게도 거북이에게는 느리다는 콤플렉스가 없었던 셈이다.

만약 달리기 경주에서 토끼가 이겼어도 거북이는 '그렇구나'라고 생각했을 거라는 이야기에서 빵 터져서 한참을 웃었다. 그리고 100퍼센트 공감의 박수를 쳤다. 지금 우리의 삶과 너무 맞아떨어지지 않는가. 나라는 사람은 얼마나 많은 콤플렉스와 열등감을 지닌 채 아닌 척 감추고 사는가. 씩씩한 척, 잘난 척 살면서도 꽁꽁 감춰놓은 콤플렉스 하나를 누군가 건드리는 순간 휘청한다. 그러면 그렇게 다짐했는데도 또다시 엉뚱한 길로 헤매는 일이 다반사이다.

콤플렉스, 열등감을 극복하고 자존감을 지키는 일은 쉽지 않다. 지금보다 더 나 자신에게 집중하지 않으면 결코 해결할 수 없는 문제다. 내가 좋아하던 서점이 얼마 못 가 이도 저도 아닌 매장으로 전락한 이유에는 열등감이 크게 작용했을 거다. 다른 매장에 비해 뒤처지는 매출, 이에 대한 담당자들의 초조함과 조급함이 결국 초심을 잃게 만들었다.

집중하긴 해야 하는데 방법을 몰라 막연하다면 아주 단순한 원칙 두 가지를 꾸준히 붙잡고 있으면 된다. 진지하게 생각할 필요 없다. 듣고, 바로 실천하자.

첫 번째, 오늘 하루를
망치지 않는다

당장 적용하면 좋을 원칙은 오늘을 망치지 않는 것이다. 사실 이게 최고다. 하루에도 몇 번씩 오르락내리락하는 자존감도 절대 일정 단계 이하로 떨어질 일이 없는 비법이다. 다이어트를 결심했다고 하자. 하루 이틀 하는 다이어트도 아니고 성공해본 기억도 별반 없지만, 몇백 번째 다시 작정한 다이어트를 위해 닭가슴살, 오이, 당근을 주력 메뉴로 운동과 병행하기로 했다. 대견스럽게도 일주일을 잘 버텼다. 그런데 친구가 오늘따라 유난히 우울하다며 술 한잔하자고 풀죽은 목소리로 제안했다. 거절하기 어렵다. 갓 튀겨 뜨겁고 바삭바삭한 프라이드치킨에 얼음처럼 차가운 생맥주까지, 군침이 돈다.

이때가 가장 중요하다. 오늘 하루를 망치지 않겠다는 다짐을 떠올려야 한다. 다이어트에 금기시된 메뉴를 눈앞에 두었더라도 다이어트를 포기하는 일은 없어야 한다는 뜻이다. 그래야 스스로 자제할 수 있다. 그러나 상황이 상황인지라 친구에 대한 의리상 한없이 먹고 마시고, 2차까지 가서 위로주도 퍼부었다고 하자. 그래도 내 하루를 완전히 망치지 않겠다는 결심을 포기해서는 안 된다. 예를 들어 친구와 헤어진 후 집까지 1시간 정도 걸어서 간다거나 22층인 집을 계단으로 올라간다거나, 어쨌든 스스로에게 하루를 아예 망치지는 않았다는 증명을 해야 한다. 그래야 다이어트를 포기하지 않을 수 있다. 순간을 망쳐도, 오늘을 망치지는 말자. 오늘을 엉망으로 만들고 다시 시작하려면 그만큼 힘이 들 테니까.

두 번째, 기분에
휘둘리지 않는다

하루를 망치지 않는다는 것과 같은 선상에 있는 또 하나의 원칙은 기분에 휘둘리지 않는 것이다. 고백하건데 나는 다혈질이라 기분에 많이 좌우되는 편이다. 지금이야 나이도 들고 고난도 많이 겪어 단련되고, 무엇보다 글 쓰고 방송하는 일을 하다 보니 결이 많이 달라지기는 했다. 그래서 좋은 점은 후회할 일이 줄어들고 어떤 상황에서건 나에게 집중하는 힘을 잃지 않는다는 것이다.

기분에 휘둘리지 않으려면 미리 마음을 뾰족하게 갈아둘 필요가 있다. 인생은 알 수 없는 일의 연속이다. 좋았던 기분이 순식간에 나빠지고, 그렇게 되면 잘하고 있던 일도 때려치우고 싶은 욕망이 불쑥 찾아오기도 한다. 이럴 때를 대비해 나를 다독일 수 있는 말을 미리 준비하자. '일은 일이고, 기분은 기분이다', '지금은 기분이 나빠도 이 일을 끝내면 기분은 좋아진다', '감히 기분 따위가 내 하루를 망칠 수 없지'라고 생각하는 것이다. 친구가 하루 전날 약속을 취소해도, 자식들이 속을 썩여도 '일단 일부터 하자'라고 생각하자. 내 기분을 상하게 하는 존재로부터 먼저 잽싸게 고개를 돌려라.

또 다른 하나는 기분에 휘둘리지 않는 좋은 사람들을 곁에 두는 일이다. 언젠가 교회에서 3개월짜리 교육을 수강한 적이 있었다. 매주 제출해야 하는 과제가 있었는데 갑자기 몰려든 다른 일정으로 꼼꼼히 살피지 못했고 결과적으로 엉망으로 제출했다. 마감 시한을 어긴 것은 물론이고 첨부해야 할 파일도 몇 가지 빼먹고 보내서 담당자가 메신저로 이러저러한 걸 다시 챙겨 달라는 메시지를 보냈다. 담당자를 수고스럽게 한 것이 당황스러워 나머지 내용을 송부하며 귀찮게 해서 미안하다고 전했다. 그때 그분의 답장이 인상적이었다.

"별말씀을요. 그저 감사한 마음뿐입니다."

나는 데드라인을 어기며 일을 질질 흘리는 자에게 자애로울 줄 모르는 사람이다. '저도 제 일정이 있는데 그 부분은 생각을 안하시는 것 같아 조금은 짜증이 납니다'라며 그냥 솔직하게 말할 때도 있다. 그런데 그는 상황이 어떻든 기분에 휘둘리는 것 같지 않았다. 타인의 행동이나 주변 환경에 내 기분이 영향받지 않는게 중요하다. 이것이 나에게 집중할 수 있는 핵심이다. 마치 뿌리가 깊은 나무가 웬만한 바람이나 가뭄에도 끄떡없는 것과 비슷한 이치다. 직장에서나 식당, 카페 같은 공공장소에서도 마찬가지다. 상대가 뭐라고 하건 그 사람의 태도나 말에 휘둘려봐야 나만 손해다.

토끼와 거북이 이야기에서 거북이의 최대 강점은 자기 자신에게 집중하는 힘이었다. 결국 그 덕분에 빠르게 달리는 토끼를 이길 수 있었다. 아마 거북이는 경주에서 이기고 난 이후에도 자신이 토끼를 이겼다고 동네방네 자랑하지 않았을 거다. 그저 평소처럼 자신의 속도와 방향에 집중한 채 느릿느릿 여유 있게 자신이 할 수 있는 일을 하며 앞으로 나아갔을 거다.

나는 지금 어디에, 무엇에 집중하고 있는가. 그리고 내가 품었던 초심은 무엇이었을까. 이름 모를 누군가에게 용기와 위로가 되고 싶다는 순전한 초심이 지금 글 쓰는 이 순간에도 지켜지고 있는가. 여러 가지 고민에 휩싸였다.

당신은 어떠한가? 간절히 바라던 취업에 성공하고, 첫 출근하던 날의 감격, 잘 해내겠다는 초심이 빛바래지는 않는가.

인생은 장거리 여행이다. 모두가 마찬가지다. 내 능력과 내 속도를 신뢰한 채 휘둘리는 일 없이 오늘 하루를 성실하게 집중하며 살아가는 태도가, 결국 느리더라도 승리를 향해 가는 최선이다. 나 자신에게 집중하는 힘은 매번 초심으로 돌아가게 한다.

그래서 나를 일으키고 걷게 하고 달리게 한다. 자신을 사랑하는 슬기로운 방법이기도 하다.

인생은 모를 일이라
근사하다

예전 직장동료의 가장 큰 자랑은 늘 건강하신 어머님이었다. 일흔 중반이 훨씬 넘어서도 가족들 치다꺼리에 봄가을로 고추장, 된장을 한 항아리씩 담그고, 볕 좋은 날이면 이불을 펴서 내다 널고 방망이로 기운 좋게 털어내던 어머니가 느닷없이 대수롭지 않은 감기로 앓아눕더니 한 달도 못 버티고 세상을 떠나셨단다.

어머니의 뛰어오를 것같이 기운찬 성정을 주변인들도 알기에 충격이 더 컸다. 노인들 기운은 믿을 게 못 된다고 했던가. 이후에는 집 앞 공원에서 하하 호호 운동하는 어르신들을 보면 대단하다 싶으면서도 동료의 어머니가 떠올라 '모를 일이야'라는 소리가 절로 나왔다.

내게는 성격 좋은, 유쾌한 지인이 한 명 있다. 여기에서는 그를 H라 부르겠다. H는 유튜브 〈유세미의 직장수업〉의 오랜 구독자인데 내게 이런저런 질문을 하고, 나는 또 이런저런 대답을 하다 보니 어느샌가 친해졌다. 그는 재능이 넘쳤지만, 자신이 얼마나 좋은 재능을 가지고 있는지 잘 몰랐다. 그는 일단 말을 재미있게 잘한다. 모임에서 그의 얘기를 듣노라면 다들 넋을 빼고 들을 지경이다. 그뿐이 아니다. SNS에 올리는 글은 유명작가 못지않게 사람들에게 감동을 줘서 '좋아요'도 수천 개씩 받는다.

그런 H가 어느 날 '책은 쓰고 싶은데, 재주가 없어서'라는 어이없는 말을 하기에 눈을 똥그랗게 뜨고 '넌 진짜 잘할 수 있어, 내가 보증할게'라고 응원했다. 그 말이 꽤 힘이 되었는지 열심히 글을 쓰고 출판사와 계약까지 맺었다. 소식을 듣고 그의 재주가 이제 세상에 널리 알려지겠다 싶어서 한동안은 마음이 내내 풍요로웠다. 그런데 몇 개월이 흘렀는데도 출간 소식이 들리지 않기에 이상하다 싶어 연락했더니 세상을 다 초월한 듯한 H의 목소리. 불안이 엄습했다.

"계약은 해지했어요. 최종 탈고하는데 머리가 깨질 듯이 아파서 병원에 갔더니 뇌에 뭐가 있다고 하대요. 수술하는 게 더 위험할 수도 있어서 좀 더 시간을 갖고 지켜보자고……."

H의 낙심이 얼마나 컸을까. 나쁜 일은 한꺼번에 온다고 최근에 남편은 심근경색으로 응급실에 실려 가 죽다 살아왔고, 그로

부터 며칠 후 H는 뇌에 이상이 있다는 걸 발견했다. 이로써 H는 출간 일정을 무기한 연기했다.

　H의 버킷리스트는 딱 두 가지였는데 하나는 출간이었고, 다른 하나는 사랑하는 가족들과 해외여행을 가는 것이었다. 그도 그럴 것이 H는 단 한 번도 해외여행을 가본 적이 없었다. 결혼하자마자 눈코 뜰 새도 없이 바쁜 하루가 매일같이 이어졌기 때문이다. 그 어린 새색시는 시아버지의 아침으로 죽을 끓이는 것은 물론, 출근길을 배웅하는 법부터 온갖 일을 시집살이에서 배웠노라 푸념할 만큼 고된 삶을 살았다. 나중에는 치매에 걸린 시어머니 봉양에 10년을 바쳤다. 이제 자유의 몸이 된 스스로를 축하하고, 위로하며 큰 맘 먹고 그의 네 식구 유럽여행 예약까지 완료했는데 남편이고 아내고 느닷없는 질병에 뒤통수를 맞은 셈이다. 물론 여행도 취소했다. 그의 꿈은 당분간 정지 상태이다.

　"오징어 게임 됐어요. 탈락이죠, 뭐."

　허탈하게 웃는 H를 보며 울컥한 나는 진심으로 한마디 했다.

　"건강해지면 다시 여행 가고, 출간도 하면 돼. 끝날 때까지 끝난 게 아니야."

　이상하게도 우리는 내일을 다 아는 것처럼 살아간다. 그래서 계획을 세우고, 당연히 그 계획이 별 예외사항 없이 진행되겠거니 믿는다. 건강한 부모님은 천년만년 정정하리라 믿고, 지금 이 고생만 끝나면 계획한 대로 좋은 일들만 있을 거라 착각한다. 그러나 인생은 항상 반전의 연속이다. 계획대로 진행되기는커녕 예기치 못한 장애물이 나타나기도 하고 반대로 전혀 생각지도 않았던 기회로 역전승을 거두기도 한다. 그래서 인생은 한 편의 드라마다.

남들이 반대하는
꿈을 꿔라

나 역시 예외는 아니다. 어쩌면 지금 나는 드라마틱한 인생의 한 구간을 건너가고 있다. 몇 년 전만 해도 아이가 아프다는 이유로 20년 넘게 다닌 직장을 그만두고 1년 반을 허둥거리며 아이에게 매달려 있었다. 기업에서 임원으로 온갖 폼은 다 잡으며 눈에서 레이저를 쏠 듯 일하던 내가 하루아침에 힘겹게 쌓아올린 커리어를 잃고 초라하게 있다니. 아무것도 없는 광야에 홀로 서 있는 듯한 시절이었다.

대기업에서 여성 임원이 되었다는 것 자체만으로 내 인생은 이미 역전의 드라마였다. 유리천장은 여전히 존재하지만 내가 임원으로 승진한 10여 년 전만 하더라도 여성 임원은 사막에서 바늘 찾기였다. 사람들의 주목을 끌기에 충분했다. 기고만장해진 나는 아무도 몰래 대표이사를 꿈꿨다. 그리고 당연히 그렇게 될 줄 알았지, 백수가 웬 말이냐 말이다.

시간이 흘러 아이도 회복하고, 대학에도 들어가고, 다른 친구들처럼 평범한 인생을 살아가기 시작했을 때 나는 또 다른 꿈을 꾸기 시작했다. 계속 백수로 살 수는 없지 않은가. 그때 주변에서 제안한 것은 중소기업의 임원으로 다시 직장생활을 시작하거나 그게 여의치 않다면 커피숍이나 샌드위치 가게를 운영해보라는 것이었다.

그런 이들의 기대와는 관계없이 전혀 다른 일을 벌였다. 작가가 되어 글을 쓰고, 기업 강연을 하고, 유튜버가 되는 일이었다. 다들 어이없어 했다. "갑자기 웬 작가? 웬 유튜버? 컴퓨터를 알기는 알아? 무슨 원리로 업로드가 되는지는 알고 하는 얘기야?" 이런 식이었다. 그런 그들의 우려와 근심을 가볍게 무시했다. 그리고 부모와 형제조차 의아해하는, 남편은 결사반대하는 유튜버로 또 강연가로 인생 2막을 열었다.

만일 그때 '난 열심히 일하고 살았는데 왜 나에게 이런 시련이!'라며 비운으로 시간을 채운 채 울고만 있었다면 뭐가 달라졌을까. 남들이 반대하는 꿈 앞에서 좌절하지 않고 대충 그들의 의견에 맞춰 직업을 선택했다면 내 인생은 또 어떻게 바뀌었을까.

내가 좋아하는 영화가 한 편 있다. 바로 〈인턴〉이다. CEO 자리에서 은퇴하고 서른의 젊은 CEO 밑으로 들어가 인턴으로 일하는 일흔 노인의 이야기다. 그는 특유의 매력을 뽐내며 음악가

들은 은퇴하지 않는다고, 그들은 그들 안에 음악이 없을 때 멈춘다며 내 안에 아직 음악이 있다고 장담했다.

은발의 인턴은 이후 좌충우돌하는 신참 CEO를 노련하게 도우면서, 새롭게 배울 건 배우면서 또 다른 인생의 장을 아름답게 연주한다. 참으로 근사하지 않은가? 나도 내 인생의 음악이 연주되고 있다고 믿는다.

인생은 알 수 없다. 끝까지 가봐야 안다. 그래서 다행이다. 끝날 때까지 끝난 게 아니니. 분명 누구에게나 더 좋은 일들이 한 발짝 앞에서 서성이며 기다리고 있다. 어떤 이는 이것을 기대하고 어떤 이는 기대가 없는, 그 차이뿐이다. 간절히 합격하고 싶었던 경력사원 면접에서 떨어졌다고 세상이 끝난 게 아니다. 그런데 나는 안 되는 건가, 절망하고 포기해버리면 거기서 경기는 끝난다. 그러나 '더 좋은 기회가 있을지도 몰라, 될 때까지 버티는 거야, 가보자구!' 크게 외치면서 자신의 열정을 근거 삼아 앞날을 기대하는 사람은 경기가 끝나지 않는다. 그래서 인생은 기대하는 자에게 더 유리하게 흘러간다. 기회가 있기 때문이다.

사랑하는 나의 H는 분명 머지않은 시기에 좋은 작가가 될 것이다. 생각지도 못했던 병 때문에 잠깐 주춤한 것은 얼마든지 만회가 가능하다. 그 책에는 가족들과 처음 떠난 유럽여행에 대한 소회 역시 담겨 있으리라. 그리고 병을 이기고 난 후에 보는 세상이, 가족들이 얼마나 귀한지, 병을 겪지 않았을 때는 절대 몰랐을 깨달음도 책에 명문장으로 기록될 것이다.

우리 인생이 오징어 게임보다 더 매력적인 것은 이렇듯 탈락처럼 보여도 그다음, 또 그다음 기회들이 반짝이며 다가오기 때문이다.

그래, 인생은 모를 일이라 근사하다.

나를 다치지 않게 하는
마음의 방패

접수하고 2시간 기다린 대학병원에서 의사와 달랑 5분 면담했다. 의사 얼굴은 생각도 안 난다. 하지만 5분짜리 면담 내용을 2시간으로 늘려 얘기할 수 있다. 사실 3시간도 너끈하다. 방법은 의사가 건조하고 무심하게 던진 팩트를 편집, 재구성하는 것이다. 일단 수술을 시급히 받아야 한다는 의사의 이야기를 전달하기 위해서 먼저 기쁜 표정과 안도의 마음을 배꼽 아래부터 훅 끌어 올려야 한다. 사실 쉽지 않다. 나이 여든인 엄마가 수술해야 한다는데 큰 수술이든, 작은 수술이든 마음 편한 자식이 세상에 어디 있겠는가? 그래도 해야만 했다.

"어머, 어머. 엄마, 이게 웬일이야. 대박, 대박! 걱정 안 해도 되겠다!"

"왜, 뭔데?"

오랜 기다림에 짜증과 불안이 북받친 엄마는 '뭔가 나쁜 일은 아니네?'라는 표정으로 슬쩍 귀를 기울인다. '어머, 어머!' 감탄사와 '걱정 안 해도 되겠다!'라는 호언장담으로 이미 엄마는 평안한 상태를 향해 내달리기 시작한다는 것, 이게 포인트다. 그리고 나서 두괄식으로 성마른 엄마의 궁금증을 채워준다.

"엄마, 30분짜리 수술 하나만 간단히 받고, 사흘만 병원에 있으면 된다는 거 아니우? 잘됐지?"

아마도 엄마는 30분, 사흘 이런 감사한 이야기는 들리지도 않을 거다. '수술'이라는 단어에만 집중하겠지. 일평생 병원 근처에도 가지 않을 만큼 건강했고, 수술이라는 건 생각조차 해본 적 없는 인생의 번외 편이었을 테니까. 그걸 예상한 나는 두 번째 문장이 끝나기가 무섭게 0.01초의 간격도 없이 숨도 쉬지 않고 세 번째 문장을 던졌다.

"얼마나 행운이야. 장기 입원을 하는 것도 아니고 수술이 어려운 것도 아니잖아? 안 그러우?"

그러자 엄마는 입을 삐죽거리며 심란해하다가 '그런가?'라며 내게 동화되기 시작한다. 그러나 여기서 마무리하면 죽도 밥도 안 된다. 이제 시작이다. 화려한 언변을 발휘해야 할 때다.

"걱정 말어. 수술은 아주 잠깐 하는 거야. 나이가 있으니까 입원한 김에 젊은 사람들은 안 하는 검사도 이것저것 해준다고 하니 얼마나 좋아? 남들은 일부러 건강검진 핑계 대고 입원도 한다는데 아무튼 엄마는 운이 좋구려."

그동안 여기저기에서 들었던 엄마 친구들의 수술과 입원 사례를 비교 분석하며 중간중간 감탄과 감사의 추임새를 섞으면 엄마는 어느새 안정을 되찾는다. 내가 한 이야기는 거짓말이 아니다. 다만 표현하는 방식과 사건을 바라보는 시선을 매우 긍정적인 프레임으로 바꿨을 뿐이다. 같은 일이어도 어떻게 보느냐에 따라 많은 게 달라진다. 엄마에게 행운을 강조하는 것도 이러한 이유다. 행운은 다른 누구도 아닌 나의 시선이 만드는 것이다. 엄마의 수술이 불행이 아닌 행운으로 변한 것처럼 말이다.

누구도 아닌 나를
지키기 위해서 하는 일

긍정적인 성품이라면 나는 대한민국 1퍼센트 안에 든다고 자부한다. 근거는 없지만 그렇게 확신한다. 일단 어떠한 일이 벌어져도 내가 설정한 나만의 행동지침은 삶을 유리한 쪽으로 굴러가게 돕는다. 예기치 않은 부정적인 상황이 벌어질 때도 '내게 왜 이런 일이?'라며 좌절하기보다는 '어떻게 하면 이 상황을 역으로 이용할까? 어떻게 해야 잘된 일로 만들 수 있을까?'에 주목한다. 되돌아보면 이처럼 긍정적인 태도 덕분에 험난한 어려움이 눈앞에 닥쳤을 때도 비교적 여유 있게 넘어간 듯하다.

긍정적인 마음, 태도를 고수하는 이유는 하루에도 수없이 들이닥치는 돌발상황 앞에서, 그중에서도 부정적인 영향을 끼칠 상황 앞에서 나 자신을 소모하지 않기 위해서다.

사람마다 하루에 배정된 에너지의 총량이 있다. 아침에 눈을 뜨면 하루에 쓸 수 있는 에너지가 주어진다. 잠을 잘 자거나 영양가 있는 음식을 먹으면, 혹은 운동을 하면 에너지의 총량이 당연히 늘어나지만, 그렇다고 해서 한도 끝도 없이 에너지를 뿜어낼 수는 없다. 그래서 우리는 그 에너지를 어떻게 배분할지 고민하고, 잘 조정할 수 있도록 노력해야 한다. 그것이 내 인생을 지키고, 잘 살 수 있는 방법이다.

100만 원이 내 수중에 있다고 가정해보자. 돈은 100만 원뿐인데 밥도 먹어야 하고, 교통비도 내야 하고, 계절이 바뀌면 옷도 사야 하니 한정된 100만 원을 허투루 쓸 수는 없다. 중요하게, 반드시 써야 할 곳에 먼저 돈을 써야 한다. 우리의 에너지도 마찬가지다. 당신은 어디에 귀한 에너지를 쓸 것인가? 이쯤에서 한번 고민해보자.

나는 이렇게 답을 내렸다. 목표를 위해 일하고, 성장하고, 사랑하는 사람을 돌보는 데 에너지를 써야 한다고 말이다. 쓸데없이 걱정이나 근심에 귀한 에너지를 쓰기에는 너무 아깝지 않은가. 그래서 내 에너지를 빼앗고, 나를 소모하게만 하는 부정적인 생각은 튼튼한 마음의 방패, 긍정적인 태도를 통해 탕탕 튕겨내야 한다.

어느 목사가 있었다. 그에게는 깊은 고민이 있었는데 설교 시간에 성도들이 자신의 설교에 집중하지 못한다는 것이었다. 그는 성도들의 집중력을 한층 끌어올리고 싶었다. 설교하는 내내 성도들이 침을 흘리며 졸거나 지루한 표정으로 딴짓만 하고 있으니 목사의 근심은 날로 깊어만 갔다. 목사가 아들에게 물었다.

"성도들이 설교하는 동안만이라도 아빠에게 집중하게 하려면 어떻게 해야 할까?"

아들이 대답했다.

"그거야 쉽죠. 아빠 등 뒤에 시계를 걸어두세요."

사실 이건 착각이지, 성도들이 설교를 잘 듣는 게 아니다. 하지만 때로는 착각의 힘도 필요하다. 그것이 희망을 낳는다면 말이다. 성도들이 설교를 잘 듣는 것 같다는 희망이 생기면 시간이 갈수록 목사는 설교를 잘하게 될 가능성이 높다. 설령 그것이 착각일지라도 방법을 만들어간다는 것 자체가 중요하다. 그것이 바로 좌절을 막는 마음의 방패인 셈이다.

나를 지키는 긍정의 방패는 누구나 가질 수 있다. 나를 지키고자 하는 내 안의 본능이다. 내 안의 희망, 할 수 있다는 마음, 그래서 결국 해내는 용기로 연결된다. 당신도 얼마든지 할 수 있는 일이다.

나를 지키기 위해서
강해진다

삼성물산에 다니던 시절, 과장으로 진급했을 때 나는 세상을 다 가진 것만 같았다. 삼성물산에는 여자 과장이 거의 없던 시절이었다. 그런데 진급한 그날부터 딱 일주일만 좋았다. 직장생활 난이도가 1부터 10까지 있다고 했을 때 그전까지가 난이도 2였다면 간부 진급 이후부터는 갑자기 난이도 8로 수직상승한 느낌이었다. 무기나 방패 하나 챙기지도 못하고 빈손으로 전쟁에 내몰린 기분이랄까.

환경이 드세졌다는 건 이런 거다. 과장급 이상의 직원들 백 명이 워크숍에 갔다. 2인 1실 따위는 꿈도 못 꾸고, 여덟 명씩 방 하나를 숙소로 사용하던 시절이었다. 여자는 나 하나라서 운동장만 한 방에서 외톨이로 지냈는데 여기까지는 괜찮았다. 나를 곤란하게 한 건 뻘쭘함이었다. 그들은 여덟 명의 룸메이트가 무슨 거대한 세력이라도 되는 양 몰려다니며 동료애를 만끽했다. 다들 담배 피운다고 몰려가면 나만 홀로 남았다. 과장급 간부들은 다같이 대동단결 회식을 해도 2차는 나만 빼고 당당하게 자기들끼리만 탬버린 치는 도우미가 있는 술집으로 몰려가던 때였다. 그들과 함께 일하려니 얼마나 고단했는지 모른다.

가장 어려웠던 건 나보다 나이 많은 남자 선배들이었는데 그들의 경계심, 적대심이 팽팽하게 느껴졌다. 어린 여자 후배가 똑같은 과장 직급이라는 게 고까워 알게 모르게 휘두르고 싶어 했다. 그런 적군들이 낭자한 전쟁터에서 살아남으려면 '척'을 해야만 했다. 없는 방패도 있는 척, 핵무기라도 소지한 척하며 나 자신을 방어하기 시작한 것이다. 이게 내 직장생활 난이도에 크게 영향을 끼칠 줄은 당시에 상상도 못 했다.

하이라이트는 보신탕집에서 터졌다. 지금은 거의 없어졌지만 20여 년 전에는 보신탕집이 차고 넘쳤다. 여름철이 되자 보신탕을 유난히 좋아하는 임원 한 명이 바람을 잡기 시작했다. 다들 매출 때문에 고생들 하는데 간부들은 몸보신 좀 해야 하는 거 아니냐고 슬리퍼를 끌고 책상 사이로 돌아다니며 충성스러운 보신탕파를 모집하고 있던 이사의 눈이 나에게 딱 꽂혔다.

"유 과장, 유 과장은 여자라서 개고기 못 먹지?"

"안 먹어본 거지, 못 먹는 건 아닙니다."

왜 그 대목에서 개고기 안 먹는다는 게 약점으로 보일까 두려워했을까. 뭐 하러 못 먹는 게 아니라고 굳이 강변을 하나. 결국 큰소리친 통에 분당에서 제일 유명하다는 보신탕집에 따라갔다. 다행인지 뭔지 임원의 비서가 동행했는데 그는 난감한 표정으로 보신탕은 못 먹는다고 말했다. 당연히 그를 위한 닭볶음탕은 따로 주문했다. 닭볶음탕은 2인분 이상만 주문할 수 있다고 하기에 나도 함께 먹었다. 보신탕을 먹지 못해서 아쉽다는 티를 팍팍 냈던 것 같다. 그래, 보신탕을 못 먹는 사람들을 위한 메뉴도 있어야지, 어쩌고 하며 얼큰한 닭 양념을 밥 위에 얹어 보란 듯이 한 공기씩 비웠을 때 마음 좋아 보이는 사장이 흐뭇하게 던진 한마디.

"이것도 보신이 되는 거예요. 고기만 닭이지, 육수는 보신탕 육수를 쓰니까. 억울해 말아요. 내일 아침 피부가 반들반들해질 거야, 아가씨들."

기함하는 표정의 비서는 화장실로 바로 달려갔고 나는 끝까지 '그까짓 거 보신탕이면 어떻고, 닭볶음탕이면 어때?'라는 표정으로 센 척하고 앉아 버렸다. 물론 나 역시 속이 좋지 않았다.

지금 생각해보면 그러지 않아도 괜찮았는데 그따위 강한 척은 아무 의미가 없고, 진짜로 강해져야 한다는 사실을 제대로 몰랐던 셈이다. 강해지기 위해서는 잘잘못을 분별하는 능력을 반드시 가져야 한다. 보신탕을 못 먹는 것은 나와 비서의 잘못이 아니다. 동료들에게 미안해할 일은 더더군다나 아니다. 그러니 남들다 먹고, 다 하는 걸 나만 못 먹고, 나만 못 한다며 힘겨워하고 나도 모르게 자책하고 있어서는 안 된다. 이런 마음이 내 안에 있는 나약함이다.

타인의 개인적 취향을 놀리듯 장난을 거는 사람이 비록 직장 상사라 하더라도 '아, 이분은 참 무례하군' 하고 알고 있어야 한다. 더 좋은 건 이러한 사실을 표현해보는 거다. 비서처럼 말이다. 못 먹으면 못 먹는다고 시원하게 이야기해야 한다. 나는 그때의 그가 나보다 훨씬 강한 사람이었다고 생각한다. 나는 못 먹는 걸 못 먹는다고 말하지 못하고, 못 하는 걸 못 한다고 말하지 못하며 끙끙 앓았으니까. 그처럼 시원하게 게워내지도 못하고 꾹꾹 집어 삼켰으니까.

뿌리가 깊은 어른이
되는 법

파푸아뉴기니 동쪽에 있는 섬나라 솔로몬제도의 원주민들은 큰 나무를 쓰러뜨릴 때 특별한 방법을 사용한다고 한다. 변변찮은 그들의 연장으로는 거대한 나무를 쓰러뜨릴 수 없기 때문이다. 그들은 모두 큰 나무 밑에 둘러앉아 나무를 향해 며칠을 '쓰러져라!' 고함을 친다. 나무에도 영혼이 있기에 결국 죽어버린다는 원주민들의 믿음이다. 류시화의 《지구별 여행자》에 나오는 이 이야기가 오래도록 잊히지 않는다. 고함을 친다고 해서 나무가 쓰러졌을 리 만무하다. 나무가 쓰러졌다면 영혼이 없어서가 아니라 뿌리가 약해서겠지.

이처럼 누군가의 고함이 화살이 되어 맹렬하게 날아와 마음에 박힐 때 쓰러지지 않기 위해서는 깊이 뿌리를 내리고 있어야 한다. 단단하게, 땅속 깊이 뻗어서 꽉 움켜쥐고 있는 굳센 뿌리를 가져야 강한 사람이 될 수 있다. 며칠 동안 소리소리 질러대며 독화살을 쏘는 타인에게 마음을 다치면서도 겉으로만 강한 척해봐야 단단히 땅을 붙들고 버틸 수 있는 뿌리가 없다면 결국 쓰러지게 되어있다. 그래서 우리는 겉으로 보이는 강함이 아닌 진짜 센 나만의 뿌리를 부지런히 깊게 내려야 한다.

그러기 위해서 강해야 한다는 강박이나 겉으로 강하다고 허세를 떨지 않는 것에서 출발하자. 먹기 싫으면 안 먹으면 된다. 내키지 않는 회식, 돈 낼 생각하면 억울한 기분만 드는 지인의 경조사에도 겉으로는 호기롭게 굴며 질질 끌려다니지 않아도 된다. 한 달 살기가 빠듯한데 동창회에는 가야겠고, 꿀리기는 싫고, 에라 모르겠다, 6개월 할부로 명품 비스무리한 것이나마 새로 장만하는 일들이 강한 척이다. 그래 봐야 나만 나가떨어지지 아무도 알아주지 않는다.

진짜 강해야지, 그저 강한 척하는 건 살아나가는 데 하등 도움이 되지 않는다. 오히려 자기 학대일 수 있다. 그런 척하려니 에너지도 많이 들어 고단하다. '허세 떨지 말자. 강하지 않으면 어때?'라고 마음을 내려놓는 것만으로도 뿌리는 저 멀리 뻗어나가고 있다.

여기에 더 나아가서 더욱 단단한 뿌리를 가지려면 내가 자신 있는 부분을 한 주머니 차고 있어야 한다. 그런데 오해는 말자. 자신 있는 부분이 없다고 해도 풀죽을 일이 아니다. 누구에게나 강한 면모가 분명 있다. 자신만 모를 뿐이다. 세상은 그냥 살아지는 게 아니다. 매일, 한걸음, 오늘을 성실하게 살고 있다면 그 자체만으로도 이미 뭔가 가지고 있는 강한 사람이다. 믿어도 된다.

나답게 사는 순간, 비로소 어른이 되었다

내가 나에게
참다운 예의를 지키는 법

    미국의 유명 범죄드라마 〈크리미널 마인드〉에 나오는 이야기다. 아이가 납치당했다고 신고한 부부를 면담하던 FBI 수사관이 이상한 낌새를 눈치챘다. 아이가 집에서 없어졌다며 상황을 설명하는 부부가 내내 서로의 손을 꼭 잡고 있던 것이다. 자녀에게 불행한 사건이 일어나면 부부 사이는 대부분 나빠진다고 한다. 패닉 상태에 빠져 서로를 비난하고 원망하는 거다. 실제로 이혼하는 부부도 많다. 드라마 역시 부부가 거짓 신고를 했음이 밝혀졌다. 아이에게 불행한 일이 닥쳤는데 부부가 여전히 평온한 모습으로 서로를 의지하고 손을 맞잡는 모습이 단서였던 셈이다.

    자녀 문제뿐만이 아니다. 파산을 하거나 건강이 나빠지면 사랑하는 가족 관계에 금이 가는 경우가 많다. 돈 문제로 친구 사이가 멀어지고, 실직했다는 이유로 연인과 헤어진다.

이렇게 보면 사실 인간관계도 별거 없다. 내가 살 만해야 타인과의 관계도 의미 있다는 소리니, 관계는 그리 절대적인 가치를 부여할 만한 게 못 된다. 남이야 그렇다 쳐도 나 자신과 사이가 나빠지면 어지간해서는 헤어 나오기 어렵다는 것이 문제다. 겁이 덜컥 나거나, 눈물이 앞을 가리는 상황이 생긴다면 내가 내 손을 먼저 잡아줘야 한다는 걸 기억하라.

퇴사 날이 그랬다. 겁이 나거나 눈물이 앞을 가리는 정도가 아니라 아예 패닉 상태였다. 어느 날 갑자기 쓰러진 아들 때문에 거의 허공에 발을 디디고 허우적대는 기분이었다. 내 인생에 그런 암담함은 처음이었다. 고등학교 2학년이던 아들은 심각한 공황장애로 입·퇴원을 반복했고, 의사의 비난 섞인 권유 때문에 하루아침에 회사를 그만두고 아들 곁을 24시간 지켜야 했다.

누가 뭐라고 안 해도 나는 이미 나 자신을 죽어라 미워하고 있었다. 뭐 대단한 거 한다고 밖으로만 나돌았을까? 집안을 나 몰라라 했으니 이렇지. 이 바보 천치, 헛똑똑이야. 종일 내가 나를 매섭게 욕했다. 아이한테 조금만 더 신경 쓸 걸 그랬지, 그러면 갑자기 애가 아프지는 않았을걸. 그깟 공부가 뭐라고. 곁에 조금만 더 있어줘도 애가 아팠겠냐며 온종일 후회하고, 나를 원망하고,

죽도록 미워했다.

오래도록 인생의 전부처럼 매달렸던 성공과 회사는 쓰레기처럼 하찮게 보였다. 회의를 마치면서 "오늘부로 저는 그만둡니다"라고 직원들에게 이야기할 때도 아무런 감흥이 없었다. 오로지 후회와 걱정, '내 인생이 이렇게 망가지는구나'라는 생각뿐이었다. 그러나 아들 곁에만 있으면서 병원 보조 침대에 웅크려 잠을 자고 며칠 동안 함께 밥을 먹으니 웬걸, 은근히 마음이 편해지고 있었다.

'이렇게 쉬니까 이것도 괜찮네.' 아들의 상태가 걱정했던 것보다 빨리 좋아지고 있어서 더 그랬을 거다. 대단한 걸 쥐고 있었던 게 아니었다. 내가 목숨을 걸었던 회사는 툭 놔버려도 하늘이 두 쪽 나지 않는, 땅이 꺼지지 않는, 딱 그런 정도였다.

그렇게 허무하게 퇴사하고, 아이를 돌보며 한동안은 방황했다. 탄탄대로에서 잘 달리다가 갑자기 흙탕물이 가득한 웅덩이로 내동댕이쳐진 느낌이랄까. 아이가 잘 때 나도 곁에서 잠만 잤다. 그리고 가족들 몰래 매일 술을 마시며 속으로 통곡했다. 그 시간이 내게 꼭 필요했는지도 모른다.

얼마 가지 않아 나는 후회와 원망에서 벗어나기로 선택했다. 불규칙하게 먹고 자고, 몰래 술을 마신 탓에 얼굴은 푸석푸석해지고 꼴이 말이 아니었다. 거울 속에 비친 나를 보고 '그래, 투정은 그만하자'라고 다짐했다. 지금 할 수 있는 걸 하자며 일단 아이를 회복시키고, 나도 소중한 시간을 헛되이 보내지 말자고 되뇌었다.

나중에 생각해보면 자신과 원수 맺지 않고, 화해를 시도한 첫 번째 순간이었다. 다음 날부터 새벽에 일어나기 시작했다. 거의 30년을 아침형 인간으로 살았는데 퇴직하고 나니 습관도 의미가 없는지 하루아침에 아무 때나 자고 일어나는 인간이 되어있었다. 루틴을 좋아하던 나로 돌아가야만 했다. 늘 하듯이 해가 뜨기 전에 일어나서 기도 후 커피 한잔, 그리고 무작정 책을 읽었다. 하루에 한 권, 두 권, 닥치는 대로 책을 읽고, 아이와 밥을 차려 먹고, 이야기를 나누다가 해가 질 무렵이면 탄천을 아무 생각 없이 달렸다. 이 루틴은 내 일상을 다시금 일으키고, 삶의 중심이 되어주었다.

치유는 거창하지 않다. 내가 나를 미워하지 않는 방법도 대단하지 않다. 규칙적으로 일어나서 꼬박꼬박 밥을 먹고, 운동하고, 책을 읽거나 청소를 하며 몸을 움직이면 된다. 내가 나에게 지킬 수 있는 참다운 예다. 스스로를 일으켜 세우는 데 이보다 좋은 방법은 생각해내지 못하겠다.

아들은 예상보다 더 빠르게 좋아졌다. 그렇게 숨통이 트일 무렵 선배 Q의 제안으로 다시 일을 시작했다. 중소기업을 운영하는 Q는 당시 회사매각 문제로 내 도움이 필요했다. 인도네시아로, 베트남으로 출장을 다닐 때도 조건은 딱 하나, 아들과의 동행이었다. 이제는 일 때문에 내 아이가 손해를 보는 일은 절대 용납할 수 없었다. 다 큰 아들을 데리고 출장을 다니는 건 약간 우스운 꼴이었지만, 의외로 그 시간은 아들에게 있어 반드시 필요한 치유의 시간이었다. 좁은 세상에서 웅크리고 있다가 이제야 비로소 새로운 세상으로 날아가 숨을 제대로 쉴 수 있었다고나 할까.

베트남 호치민에서 일을 마치고 아들과 일본식 야끼니꾸집에서 저녁을 먹었다. 치료하는 동안 단 한 번도 웃지 않고, 말이 없던 아들이 고기를 구워 내 접시 위에 얹어주고 웃으며 말을 걸었다. 무슨 내용이었는지는 생각나지 않는다. 그저 길거리에 오토바이가 지나가는 게 놀랍다거나, 숯불에 구워 먹는 2,000원짜리 길거리 닭고기 덮밥도 한번 먹어보자거나, 그런 얘기였을 거다. 다만 아들의 웃는 눈매와 웃음 섞인 목소리가 아직도 가슴에 생생하다. 그를 보며 이거면 됐다고 생각했다. 인생이 뭐 별건가, 그런 마음도 먹었다. 어렵게 생각하면 끝도 없다. 악착같이 정상을 꿈꾸던 내가 하루아침에 회사를 그만두고 엉뚱한 회사에서 어정쩡하게 일을 하고 있다. 세상에서 제일 똑똑하다 여겼던 아들이 자퇴했을 때 인생은 참 예상대로 흘러가지 않는구나, 알아차렸다. 계획했던 내 야심을 접었다고 해서, 아들이 검정고시로 인생길을 수정한다고 해서 그게 뭐 어쨌다는 건가. 그렇다고 해서 죽고 살 문제는 아니지 않은가, 그럴 수도 있지.

길은 언제나 많다. 그게 문제다. 하나밖에 없다면, 그래서 선택의 여지도 없다면 어쩔 수 없었다는 핑계라도 댈 텐데 감히 끝을 가늠할 수도 없는 여러 갈래의 길들이 늘 눈앞에 있다. 그리고 우리는 반드시 선택해야만 한다. 내가 선택한 길은 나 자신을 힘들게 할 수도 있지만 반대로 뜻밖에 더 좋은 곳으로 나를 데려갈 수도 있다.

인생의 폭풍 속에서 갈피를 못 잡고 있을 때 더 좋은 길로 들어서기 위해서는 내가 나를 붙잡아야 한다. 아무리 어려워도 어떻게 하든 그것만이라도 해야 희망이 생긴다. 제대로 일어나고 움직이고 밥을 먹는 일, 그리고 죽고 살 문제는 아니라고 스스로를 안심시키기만 해도 희망은 내 것이 된다.

나답게 사는 순간, 비로소 어른이 되었다

하늘은 스스로
돕는 자를 돕는다

인생에는 모두에게 공평한 몇 가지가 있다. 누구나 결국 죽음을 맞이한다는 것, 누구나 직업이 없는 상태를 경험한다는 것이 그렇다. 사실 이 둘을 함께 저울추에 올려놓는 게 말이 안 될 정도로 무게가 다르긴 하다. 그러나 정직하게 하루하루 일해서 돈을 벌고 있는 사람들은 때때로 실직을 죽음만큼 커다란 공포로 체감한다. 특히 당장 먹여 살려야 할 부양가족이 있는 가장들, 혼자 산다고 하더라도 내가 나를 먹여 살리지 않으면 기댈 데가 없는 사람들도 실직이 두렵기는 마찬가지다.

공기업에서 평생 일하다 부장으로 퇴직한 선배 E는 한동안 공황장애로 집 밖에 나가지 못했다. 공황장애 때문에 가족과의 관계도 대단히 애를 먹었다. 유능하고, 다정한 남편이자 아버지가 방에서 한 달이고, 두 달이고 나오지 않으니 얼마나 기가 막혔겠는가. 냉혹한 회사는 임원 진급이 요원한 부장들에게 명예퇴직을 권유했다. 결국 자의 반 타의 반으로 회사를 떠날 수밖에 없었다.

E는 대학 졸업과 동시에 회사에 입사했고, 이십대부터 오십대까지 오랜 시간을 회사에 속해 있었다. 누구보다 성실하게 일했노라 자부하는 그다. 그는 단 한 번도 회사와 분리된 자신의 인생을 생각해본 적이 없다고 말했다. 회사의 보호 속에만 있다가 무서운 세상 밖으로 내팽개쳐진 느낌이었다. 자신은 쓸모없는 존재가 되고, 아무도 찾지 않고, 앞으로 뭘 해야 할지도 모르겠고, 도무지 앞길을 짐작할 수 없는 무시무시한 나날을 보내느라 E는 불안과 무기력에 시달리고 있었다.

이렇듯 실직은 극도의 공포를 불러일으키는 존재다. 하지만 분명한 사실은 어느 날 갑자기 직업이 사라지는 순간이 내 인생의 터닝포인트일 수도 있다. 자발적으로 회사를 그만두었건, 어쩔 수 없이 밀려났건 그때까지 나를 보호하던 울타리 밖으로 하루아침에 내쳐진 느낌은 한낮의 사막을 걷거나 한겨울의 만주 벌판에 외투 하나 없이 내몰린 심정이다. 보통 이때부터 여러 형태로 방황의 시간을 보낸다. 내가 그랬고, 오십대라면 누구나 할 것 없이 서바이벌 게임 하듯이 같은 길을 걷는다.

실직에 대처하는 유형은 크게 두 가지로 나눌 수 있다. 첫 번째, 아무 일이나 시작하고 보는 유형. 보통 성격이 급하고 가만히 있지 못하는 사람들이 저지르기 쉽다. 나도 사실 이 유형이다. 퇴직 이후 다시 일을 시작하겠다고 마음먹자마자 회사 이름을 정하고 명함부터 만들었다. 아무것도 없는데 말이다. 지금 생각해보면 어처구니없는 일이지만 그때는 그게 멋진 시작이라 혼자 착각했다.

이 유형은 주로 자신이 했던 일과 유사한 일을 벌인다. 내가 평생 유통업계에서 일한지라 선후배도 다 고만고만하다. 그들은 백화점에서 했듯이 브랜드를 런칭하고 시내 한복판이나 변두리에 매장을 내고 열정을 활활 불태운다. 나는 이 분야의 전문가이니 당연히 할 수 있을 거라 자신만만하다. 그러나 대부분 잘 되지 않는다. 회사라는 배경을 두고 모든 시스템과 조직으로 움직이던 때와 아무 서포트 없이 개인이 혼자 할 때는 천지 차이라는 걸 실패한 후에야 깨닫는다.

두 번째, 결국 아무것도 못하는 케이스. 뭘 하기는 해야 할 텐데 '좀 알아봐야지'라고 하며 슬슬 돌아다닌다. 이것저것 찔쩍거려 보기도 하고 그중 구미에 당기는 건 계약 직전까지 가는 일도 있다. 관련 책을 사서 보고 공개강연회도 쫓아다니고 세미나도 듣는다. 그러나 결론은 '글쎄올시다'라며 한 발 뒤로 물러선다. 관망이 길어지고 나이를 먹고 자신감은 떨어지지만, 노는 게 아니라 신중하게 준비하는 시간이라며 스스로를 위로한다. 결국 손에 쥐는 건 아무것도 없다.

나아갈 것인가
머무를 것인가

누구나 백수가 되는 순간이 있지만, 그 이후 자신의 인생을 어떻게 연출하느냐에 따라 이후의 인생길은 완전히 달라진다. 나라는 사람은 내 인생의 감독, 각본, 주인공을 다 맡고 있으니 다음 장면에서는 어떻게 극적인 반전을 이룰 건지, 어떻게 해피엔딩으로 마무리를 할 건지 스스로 만들어야 한다. 돈을 더 벌고 못 벌고의 문제가 아니다. 내 삶이 가고자 하는 방향으로 살 것인지 아니면 질질 끌려갈 건지를 선택해야 한다. 특히 오랫동안 하던 일을 그만두고 마치 빈손으로 광야에 서 있는 느낌이 든다면 내 인생을 방해하는 요소부터 털어내는 데 집중해야 한다.

가장 큰 방해 요소는 '그냥 안주하고 싶은 마음'이다. 사실 누구나 그렇다. 변화가 필요하다는 걸 머리로는 알지만, 변화가 내 과제가 되었을 때는 변화가 아닌 위험이라고 받아들인다. 스스로 예측 가능한 안전구역을 벗어나고 싶지 않다는 마음을 나쁘다고 할 수만은 없다. 그러나 웅크린 채 꿈만 꿔봐야 그건 한낱 망상이 될 뿐이다.

개그맨을 하다 잘 안 풀리자 사업가로 전향해 대박을 터뜨린 전직 개그맨이 한 인터뷰에서 월급은 마약이라고 한 적이 있다. 월급에 안주한다는 말이다. 하루종일 일했는데 좀 쉬자, 주말에는 쉬어야지, 이런 마음은 왜 생길까? 어차피 월말이면 한 달을 살 수 있는 급여가 통장에 입금되기 때문이다. 당장 절실한 마음이 들지 않게 만드는 이 마약에서 벗어나기란 쉽지 않다. 프랜차이즈 가맹점을 시작하는 심리도 다르지 않다. 많이 벌지 않더라도 안전하다고 느끼기 때문이다. 그러나 현실은 녹록지 않다. 편안하고 안전한 자리는 어디에도 없다. 만약에 지금 당신이 직업을 잃었고, 아무것도 없는 혹독한 광야에 홀로 서있다고 느낀다면 과거의 편안한 보금자리는 잊어버리는 것에서부터 출발해야 한다. 춥고 덥고 힘든 길을 한번 걸어보겠노라고 다짐하는 마음이 최고의 밑천이 된다.

예전 회사에서 만난 선배 U는 계속된 진급 누락으로 주변의 민망함을 사던 사람이었다. 착하고 무능한 스타일인 그는 결국 회사를 그만뒀다. 엎친 데 덮친다고 퇴직하기가 무섭게 사업하던 남편이 쫄딱 망하는 바람에 빚더미에 올라앉아 하나뿐인 아파트를 처분해 빚잔치를 하고 빈털터리가 되어 친정으로 들어갔다.

뭐라 위로하기도 입이 안 떨어지는 상황에 그저 '다 잘될 겁니다, 선배'라고 하나마나한 메시지만 보낼 뿐이었다.

그런데 이때부터 그의 반전이 시작되었다. 인사고과 3년 내리 D를 받아 직장상사한테 찍혀도 그렇지, 이건 사람 그만두라는 소리 아니냐는 안타까움을 자아내던 그였다. 그러나 무능함이 먹고사는 문제라는 절박함 아래 단단함으로 바뀌는 데는 오랜 시간이 걸리지 않았다. 단 한 번도 영업 부서 일을 해본 적이 없는 그녀가 세일즈를 시작한 거다. 처음에는 보험으로, 다음으로는 유치원 영어 교구, 아토피 전용 식품, 화장품 등등 그야말로 닥치는 대로 불도저처럼 일했다. 결론을 먼저 말하면 그녀는 세일즈 10년 만에 경기도에 작은 사옥을 가진 회사 대표가 되었다.

전쟁같이 치열한 시간이 흐른 뒤 선배를 다시 만났다. 어떻게 영업을 할 생각을 했냐는 내 질문에 그는 조금의 망설임도 없이 답했다. "애들이랑 먹고살려고." 사실 그것보다 더한 기폭제가 뭐가 있겠는가. 그러나 아무리 먹고사는 문제라고 해도 "선배는 영업에 맞지 않는 사람이라고 생각했을 텐데?"라고 반문하자 "누구는 처음부터 잘하냐, 안 될 건 또 뭐야!"라고 응수했다(얼씨구. 회사 다닐 때 그랬으면 그렇게 밀려나지도 않았지!).

우리의 많은 경험은 때론 독이 되기도 한다. 해본 적이 한 번도 없어서, 혹은 해봤는데 안 되더라는 기억은 우리가 전진하는

데 장애물이 된다. 아주 절박한 상황이 아니면 뛰어넘기가 쉽지 않다. 경험이 많을수록 더 그렇다.

다시 새로운 일을 시작했을 때 그 일이 처음이지만 아무튼 성공하고 싶어 달려나가도 그리 호락호락하지 않다. 해도 해도 눈물 나게 안 되는 일이 대부분이다. 그러나 이건 정말 안 되는가 싶은 순간에도 버텨야 한다. 선배 U는 지방을 돌며 하루 50개 업체를 방문하고 거절당했다고 했다. 나중에는 눈물도 없어지고, 자존심도 없어지고 맷집만 남았다나. 그때 그녀를 지배하던 생각은 오직 하나, 처음부터 잘될 리는 없다. 끝에 가서야 빛을 볼 거라는 오기였다. 우리는 수많은 실패에 마주할 수 있다. 그렇다고 링 위에 뻗어있은들 알아줄 사람은 아무도 없다. 비틀비틀하면서라도 다시 힘을 내서 계속하는 수밖에.

큰일이든 작은 일이든 세상일은 다 그렇다. 그래서 안 되더라도 계속 발을 내디뎌야 한다. 그렇게 스스로를 도와야 결국 하늘의 도움도 기대할 수 있다.

나를 무너지지 않게 돕는
멘탈 훈련

멘탈이 강하다는 건 무엇일까? 멘탈이 강한 사람은 어떤 특징을 가지고 있을까? 버럭, 화를 잘 내는 사람? 목소리가 큰 사람? 격투기나 몸 쓰는 운동을 좋아하는 사람? 다양한 유형의 사람들을 만나본 경험으로 말하자면 유연한 사람이 대개 멘탈이 강하다. 유연한 사람의 가장 큰 특징은 자기감정을 다스릴 줄 안다는 것이다. 내 감정의 주인으로 산다는 의미다. 감정과 기분에 흔들리지 않고, 편안하고 유연하게 넘어간다. 고로 멘탈이 강할 수밖에 없다. 그들의 튼튼한 멘탈은 우리도 가질 수 있다. 방법을 더 구체적으로 살펴보자.

첫 번째, 화가 날 상황을
만들지 않는다

유연한 사람은 상황에 대한 대처 능력이 뛰어나다. 특히 멘탈을 뒤흔드는 부정적인 상황에서 스스로를 어떻게 관리해야 하는지 정확히 알고 있다. 애초에 화가 날 상황을 만들지 않는다.

주말이면 종일 누워 TV만 보는 남편이 있다고 해보자. 맞벌이 부부인데 청소며 빨래며 밀린 집안일은 아내 혼자 동동거리며 다 한다. 남편이 곱게 보일 리 없다. 잔소리를 퍼붓다가 결국 누구에게도 득 될 거 없는 부부싸움으로 치닫을 가능성이 상당하다.

이때 유연한 사람은 어떻게 할까? 감정에 휘둘려 잘못된 선택을 하기 전에 상황을 미리 짐작하고, 거리를 둔다. 남편을 바꾸기는 어렵다. 하지만 내가 있을 공간은 바꿀 수 있다. 주말이면 쉬지도 못하고 혼자 끙끙대다가 배우자를 미워하게 되는 상황에서 벗어나는 선택을 한다. 평소에 좋아하는 작가의 전시회에 가거나 영화를 보거나, 아니면 운동을 하는 것. 자신을 돌보는 건강한 방법이다. 밀린 집안일은 어떻게 하냐고? 시간이 지나면 남편과 협상의 여지가 생긴다. 지저분한 집 안에서 종일 혼자 있으면 아쉬운 건 어차피 남편일 테니 그때 조율하면 된다. 집안일, 까짓거 한두 번 안 한다고 해서 큰일 나지 않는다.

이렇듯 유연한 사람은 애초에 부정적인 상황이 예상되면 거리를 둘 줄 알며 자기감정을 다스린다. 인품과는 관계없이 단지 기술이다. 예를 들어 나는 강의 직전, 촬영 직전에 대단히 예민해진다. 이때 누가 말을 시키면 퉁명스럽게 대답해서 쓸데없는 오해를 사기도 한다. 그래서 고안해낸 방법, 예민해지는 시간에는 이어폰을 꽂는다. 사람들은 무언가 듣고 있는 줄 알고 말을 시키지 않는다. 오해받을 일이 사라진다.

두 번째, 인생의
플랜 B를 만든다

자기감정을 잘 관리하는 것만으로 멘탈을 강하게 할 수 있을까? 여기에서 한 가지를 더 추가해보면 좋다. 바로 인생의 플랜 B이다. 쉽게 말해 믿을 만한 구석, 히든카드를 말한다.

직장에 다닐 때 멘탈이 좋은 걸로 유명한 후배 M이 있었다. 평소에는 그렇게 보이지 않는다. 그 친구는 항상 잘 웃었다. 후배들은 귀가 얇은 팀장이라며 감히 그를 놀리기도 했다. 직원들이 의견을 내면 '그거 좋네', 다른 직원이 반대하는 의견을 내면 '듣고 보니 그것도 괜찮네', 무슨 실수를 하면 '그럴 수도 있지 뭐, 괜찮아' 아주 그냥 노 프라블럼을 입에 달고 살았다. 오죽하면 별명이 '노 프라블럼'이었을까. 그런데 M의 진가가 발휘되는 건 항상 문제가 크게 터졌을 때였다.

한번은 신상품 디자인 샘플 품평회가 열렸다. 일정 공지도 애당초에 끝났고, 대표이사까지 참석하기로 했는데 샘플을 맡긴 업체에서 약속한 일정까지 납품이 어려울 것 같다며 통보를 해왔다. 모두가 혼란스러워서 우왕좌왕할 때, 해당 부서의 책임자였던 M만큼은 전혀 당황하지 않았다. 웃음기 싹 뺀 얼굴로 다른 업체를 수배해서 일을 해결했다. 평소에는 물렁하게만 보여도 후배들이 M을 절대적으로 존중하는 이유였다. 멘탈이 강한 사람들은 이렇게 문제가 터졌을 때 진가를 발휘한다는 특징이 있다.

스스로에게 한번 적용해보자. 나에게 여러 가지 문제들이 터졌을 때 나는 당황하고 좌절하는가, 아니면 M처럼 웃음기 싹 뺀 얼굴로 문제를 해결하는가.

바로 멘탈의 차이라고 할 수 있다. 핵심은 플랜 B이다. 평소에는 M이 '애들이 날 우습게 본다니까'라며 허당 짓을 자처해도 그는 이미 모든 리스크에 대한 플랜 B를 마련해두고 있었다. 거래처에서 납품 문제가 생기면 어떻게 대처할 것인지, 핵심 업무를 하는 직원이 갑자기 퇴사하면 또 어떻게 할 것인지 면밀하게 준비해둔 덕에 일하면서 불안해하지 않고 여유로울 수 있었다. 멘탈이 강해지기 위해서는 이렇듯 무기가 있어야 한다. 바로 히든카드, 플랜 B는 내 멘탈을 지키는 데 최우선이다.

비단 일과 관련된 부분만이 아니다. 믿었던 친구에게 뒤통수를 맞는다거나 직장상사와의 신뢰가 깨졌다거나 조직에서 따돌림을 당한다면 멘탈이 흔들릴 수 있다. 인간관계 때문에 인생의 행복과 불행이 좌우되기도 한다.

예를 들어 직장 안에서 관계에 대한 플랜 B는 무엇일까. 누군가에게 지나치게 의존하지 않는 것이다. 믿는 선배가 있고 친구보다 더 좋은 후배가 있으면 행운이지만 그렇다고 그 사람하고만 지나치게 친하게 지내며 관계의 폭을 줄이는 것은 곤란하다. 오히려 두루두루 주변과 잘 지내야 좋아하는 선후배와 더 좋은 관계를 유지할 수 있다. 누군가와만 특별한 유대관계, 소위 밥 동무를 만들거나 김 대리는 최 과장 오른팔이라고 취급되면 결국 나 자신에게 좋을 일이 없다.

세 번째, 스트레스 관리에
집중하라

일이나 관계에 대한 히든카드만큼 중요한 또 한 가지의 요소는 스트레스 관리다. 사실 이 부분이 가장 중요하다. 스트레스를 받았는데도 이를 배출할 출구가 없다면 홧병이 된다. 스트레스는 안으로 쌓였을 때 저절로 없어지는 종류가 아니라서 직장인이나 가정주부나 할 것 없이 우울감이나 무력감에 시달리는 이유가 바로 이 '화' 때문이다.

스트레스는 쌓이지 않게 그때그때 털어버릴 수 있는 시스템을 마련해야 한다. 나만의 스트레스 해소 루틴을 만드는 것이 가장 바람직하다. 등산이나 수영, 자전거 등 운동을 하거나 친구와 끝없는 수다를 떨며 눈물 나게 매운 음식을 먹어도 좋다.

나는 일에 대한 계획을 세우기에 앞서 스트레스 관리를 가장 먼저 스케줄에 채워 넣는다. 매일 운동과 기도에 2시간을 배정한다. 아무리 바빠도 양보할 수 없는 루틴이다. 고작 그 시간 운동한다고 해서 바디프로필을 찍을 정도로 몸이 기가 막히게 좋아지는 건 아니지만 하루를 살아갈 에너지를 얻고 전날 있었던 스트레스를 말끔히 털어버리는 데는 충분하다. 기도 역시 마찬가지다. 내가 왜 이 일을 하고 있으며 내 인생의 방향은 어디를 향하고 있는지, 내 삶의 진정한 가치가 무엇인지 하나님에게 묻고 대답을 듣는 과정을 날마다 반복한다. 스트레스가 쌓일 틈이 없도록 하는 나만의 루틴이다.

지금 내가 겪고 있는 문제는 결국 해결할 수 있다고 믿는 것도 스트레스 관리에 큰 도움이 된다. 지나온 시간을 복기해보면 '그렇구나, 그랬지' 하고 알게 되는 것들이 있다. 특히 비즈니스는 명확하다. 각자의 이해관계로 얽힌 문제는 운명적인 사랑이라거나 가족 태생의 비밀, 이런 것들과 아예 다르다. 어쩔 수 없는 숙명이 아니고서야 다 노력과 시간으로 해결이 가능하다고, 마음에 느긋함을 두는 습관이 필요하다.

예컨대 유튜브 채널을 운영하면서도 매일 마음을 다스려야 했다. 채널이 항상 성장하는 건 아니다. 구독자가 꾸준히 느는 것도 아니고, 조회수가 안 나올 때도 많다. 중간에 역신장하기도 하고, 여기가 끝인가 싶도록 무한 정체기도 있기 마련이다. 실제로 유튜브 채널을 시작할 때 벤치마킹하던 채널들은 지금 절반이 넘게 사라졌다. 꾸준히 업로드해야 하는데, 거기에 들어가는 에너지와 시간, 노력을 감당할 수 없어서일 가능성이 크다. 나도 업데이트 주기를 지키기가 가장 힘들었다. 이때 '스스로 해결할 수 있는 문제'라고 마음을 다스린다면 큰 도움이 된다. 정체기를 버티는 채널은 결국 살아남는다. 언젠가는 다시 성장기가 도래하기 때문이다.

이렇듯 자기감정 관리, 플랜 B, 스트레스 관리를 전방위적으로 설정하는 건 멘탈을 지키는 데 유익한 전략이다. 이 전략에 한 가지 더 전제를 더한다면 금상첨화다.

'인생은 길다' 인생에 대한 시야를 크고 넓게 확보해야 여유로울 수 있다. 눈앞의 상황에만 전전긍긍하는데 무슨 멘탈이 튼튼해지겠는가. 인생이 길다는 데 초점을 맞추면 한 발자국 물러설 수 있다. 물러나서 봐야 멀리 보고, 크게 볼 수 있다. 그렇게 하면 단기전에 집착하지 않을 수 있다.

어느 집 자식은 열아홉에 대학을 가고 우리 애는 서른에 갈 수도 있다. 회사에서 동료는 올해 진급하고 나는 내년에도 진급하리라는 보장이 없을 수도 있다. 그게 어쨌다는 건가. 인생이 하루 이틀에 끝나지 않는 장기전인데 누구에게나 자신의 속도가 있는 법이다. 최후 승자가 누군지는 끝까지 가봐야 안다. 지금의 성과가 5년 후, 10년 후를 결정하지는 않는다. 오늘의 결과에 연연하지 않도록 스스로를 훈련하자. 그게 바로 지금, 오늘 나의 멘탈에 보약이 된다.

2장

여름, 갉아먹는 관계와
이별을 준비하라

풍요 속에서는 친구들이 나를 알게 되고

역경 속에서는 내가 친구를 알게 된다.

- 존 철튼 콜린스

끌려다니지 않고
끌고 가려면

객기 넘치게 세상에 겁 없이 굴 때가 누구에게나 있다. 내 경우는 임원으로 진급했을 때가 제일 나대던 시절이었다. 실무는 자신 있었다. 그러나 임원이 되고 난 후에는 일을 잘하는 것만으로 해결되지 않는 수많은 과제가 있었다. 예를 들어 인간관계, 즉 인맥 관리를 잘하는 게 더 중요했다. 그래서 퇴근 후에는 저녁마다 술을 마시고, 명함을 건네고, '우리가 남이가!'라고 부르짖으며 인맥을 쌓기 위한 시간을 보내기 바빴다. 사람들과 어울리는 걸 그리 좋아하지 않는 내가 그때 깨달은 건 같은 공간에 모여 있다고 해서 반드시 친해지는 건 아니라는 사실이다. 필요에 의해서 맞잡은 손은 필요가 없어지면 언제든지 놓아버리기 쉽다.

또 친하지도 않은 사람과 웃고 떠드는 데는 많은 에너지가 필요하다는 사실도 잘 알게 되었다. 여기에서 중요한 건 내 주변에 많은 사람이 머무를수록 사람들에게 휘둘리거나 끌려다닐 가능성도 크게 높아진다는 사실이다. 사람은 마음먹는다고 확보할 수 있는 것도 아니고, 친해지고 싶다고 해서 친해질 수도 없다.

퇴직한 선배들이 자주 하는 이야기가 있다. 그들은 입을 모아 말한다. 이익을 위해 인위적으로 만든 인맥은 하등 쓸데없다고 말이다. 사회생활을 안 하게 된 지금은 이익만을 목표로 가까워진 사람들과 대부분 연락이 끊어졌다고 한다. 한때는 서로의 이익을 위해 공존했지만, 지금은 '이익'이라는 연결고리가 사라졌으니 당연하다 싶으면서도 참으로 씁쓸했다. 그렇게 인맥 관리한다고 들인 노력을 반의반이라도 가족에게 쏟아부었더라면 지금보다 훨씬 더 사랑받았을 거라는 농담이 마음 짠하게 들렸다.

나 역시 그들과 다를 바 없다. 몇 년 동안 사람을 확보해야 한다는 어설픈 인간관계 전략 때문에 깨나 고생했다. 사람은 확보하는 게 아니라 자연스럽게 흘러가게 두는 것인데 말이다. 하지만 그만큼이나 유효한 교훈을 몇 가지 얻었다.

첫 번째, 관계를 농담처럼
여기지 않는다

사람에게는 천천히 다가가야 한다. 인간관계 고수들은 기본적으로 타인과 쉽게 가까워지려고 하지 않는다. 우연히 학교 후배의 직장동료들과 합석했다고 해보자. 인사를 나누고 술이 몇 잔 돌자 바로 고향, 동네, 대학으로, 혹은 군대주둔지, 하다 하다 응원하는 프로야구팀까지 주고받는다. 친해진답시고 억지로 엮으려는 습성은 이제 버려라. 관계에 있어 아마추어라는 표식이다.

관계를 농담처럼 여기지 말아야 한다. 초면인데 술 몇 잔 마셨다고 갑자기 형, 동생 하자고 들면 사람과의 만남을 대단히 가볍게 여긴다는 느낌을 줄 수 있다. 받아든 명함을 흔들어가며 형이라고 불러, 동생처럼 생각하십시오, 이런 말은 웬만하면 안 하는 게 좋다. 상대에게 호의를 보이고 싶다면 '○○ 분야에서 일하고 있으니 혹시 도움이 필요하면 연락 주세요', 정도가 적당하다.

타인에게 천천히 다가간다는 건 생각이나 느낌, 감정을 함부로 드러내지 않는다는 뜻이기도 하다. 개인적인 취향에 따라 호감이 가고, 안 가는 사람이 누구나 있지 않은가. 나의 경우에는 일 잘하는 사람이 최우선이다. 잘생겨도, 말을 잘해도 의욕이 없거나 뺀질대거나 마감일에 버벅거리는 거래처 직원에게는 도무지

정이 안 간다. 하지만 설령 그렇다고 하더라도 티를 내지 않으려고 애쓴다. 상대에 대한 감정을 제대로 관리하는 사람이 바로 고수라는 것을 잘 알기 때문이다. 그래서 매일매일 똑같은 온도로 평정심을 유지하는 사람, 그날이 그날 같은 사람이 제일 끌릴 수밖에 없다.

두 번째, 기대하지도 배척하지도 않는다

회사에서 10여 년을 함께 일했던 L이 퇴직했을 때의 일이다. 현직에 있을 때, 부서의 특성상 L에게 줄을 대고자 하는 사람이 많았다. 친구를 통해 소개받은 W도 그중 한 명이었다. W는 당시 한 스타트업의 대표였는데 자신이 개발한 시스템을 이용해 기업에 혁신적인 제안을 하며 시스템을 판매하고 있었다. L은 본인이 속한 부서에도 W의 시스템을 가져와 긍정적으로 검토하고, 여기저기 인맥을 동원해 W를 성심성의껏 소개했다. 그러자 W는 죽을 자리에서 천신만고 끝에 튼튼한 동아줄이라도 잡은 양 감격했다. 간, 쓸개 다 빼줄 것처럼 도울 일 없느냐, 뭐라도 하게 해달라, 백골이 진토가 되어도 은혜를 잊지 않겠다…… 등등 온갖 사탕발림을 늘어놓았다. 그러나 웬걸? L이 직장을 그만두고 창업을 한 이후 그동안 도와준 것이 적지 않으니 W에게 작은 부탁을 하러 전화했을 때의 싸늘한 반응이란. '지금은 바빠서요, 제가 연락드릴게요'라고 전화를 뚝 끊더니 감감무소식이란다. L은 기가 막혔다.

의외로 자주 경험할 수 있는 사례다. 그래서 인간관계의 고수들은 지나치게 기대하지도, 배척하지도 않는다. 누구나 똑같이 대한다. 나이가 많든 적든 사회적으로 명망이 높든 아니든 항상 같은 태도다. 그래야 사람한테 끌려다니지 않고 관계를 주도할 수 있다.

언제 한번 호텔에 근무하는 친구가 내게 고민을 털어놨다. 극성수기 때마다 연락해서 룸 예약을 도와달라고, 그것도 안 해주냐고 징징대는 친구 녀석이 하나 있는데 곤란하다는 얘기였다. 관계를 잘 끌고 가는 사람들은 눈치껏 '선'을 잘 지킨다. 친할수록 부탁하지 않는다는 원칙이 있다. 호텔이나 콘도미니엄 회사에 근무하는 친구가 있어도 절대 부탁하지 않는다. 나는 그런 그에게 하루빨리 멀어지라고 말했다. 필요할 때만 도움을 청하는 게 과연 친구라고 할 수 있을까? 한번 생각해보자. 내가 도움이 필요할 때 이 친구는 나에게 도움을 줄까?

세 번째, 치고 빠지는 걸
잘해야 관계의 고수다

치고 빠지는 걸 잘하는 것 역시 선을 잘 지키는 센스가 있어야 가능하다. 누군가를, 특히 좋아하는 친구를 도와줄 때는 아무도 모르게 은근히 도와주는 게 기본이고, 멋이다. 홧김에 사직서를 집어던진 성질 나쁜 친구를 두었다고 치자. 그는 몇 달 동안 퇴직금으로 버티고, 여기저기 직장을 결기 있게 알아보다 이도저도 안 되니 코가 쑥 빠져 좌절의 단계로 접어들었다. 안 되겠다 싶어 그의 친구가 일자리를 알아봐준 덕분에 드디어 이직에 성공했다.

이 시점이 중요하다. 이때의 태도가 바로 고수냐, 아마추어냐의 바로미터다. 고수는 친구가 취업해서 잘 다니면 적응하느라 바쁠 테니 내버려 둔다. 그의 역할은 끝났기 때문이다. 그러나 아마추어는 참견한다. 내가 취직을 시켰으니 이래라저래라, 이번에는 성질 죽이고 오래 다녀라, 나이가 몇인데 성질이냐 잔소리를 해댄다. 그 잔소리는 다름 아닌 생색이다. 내 도움이 더 이상 필요하지 않다면 빠져주는 게 맞다.

관계에 끌려가는 사람이 아마추어고, 관계를 건강하게 이끌어나가는 사람들이 고수다. 아마추어는 타인에게 온갖 힘을 쏟고도 사람을 얻지 못하고, 고수는 힘을 빼고도 사람을 얻는다.

또 다른 예로 직장에서 임원이 신입사원에게 젊은이들 사이에서 유행하는 신조어나 유튜브 릴스에 대해 스스럼없이 묻고 재미있다는 듯 감탄하는 것도 힘을 **빼야** 가능한 일이다. 그런 사람이 고수다. '요즘 애들'이라는 말을 시도 때도 없이 달고 살면서 이해해보려는 노력 자체가 없거나 자신의 경험만이 옳고 그름을 판단하는 잣대가 되는 유형이 있다. 이런 경우는 밥을 사주고도 그들의 마음을 얻기 어렵다.

그래서 사람들과의 관계가 건강하려면 마음의 전략이 중요하다. 나 혼자서 할 수 있는 건 아무것도 없다는 진실을 마음에 새겨야 한다. 수많은 관계에, 발 디딘 이 세상에 잘 좀 부탁합니다, 고개 숙이는 순한 마음과 그래도 결국 혼자라는 단단한 태도가 내 안에서 균형을 이룰 때 비로소 관계를 끌고 가는 힘을 얻을 수 있다. 그래야 휘둘리지 않는다.

타인의 마음을 얻는
태도에 관하여

"사람들이 너를 좋아하지 않는 것 같다는 그 말은 느낌이야, 팩트야? 프로젝트에서 제외되었다고 그렇게까지 풀죽을 일이야? 프리랜서가 원래 그런 직업이야. 얽매이지 않는다고 해서 '프리'랜서잖아?"

매일 아침부터 저녁까지 얼굴 맞대고 지지고 볶으면서 억지로 전우애를 다지지 않아도 되는 일, 그래서 혼자 일하는 게 적성에 딱 맞는다던 후배 G. 이번에는 거래처가 문제다. 프리랜서도 일이 있어야 프리랜서지, 일이 없으면 그냥 백수랑 다를 바가 없다. 그런데 일을 줘야 할 거래처 회사의 담당자들에게 G는 그다지 점수를 따지 못한 모양이다. G는 결국 기대하고 있던 대형 프로젝트에서 제외되었다. 하물며 거래처에서 프로젝트가 무산되었다고 거짓말까지 했단다.

"나를 제외한 이유를 좀 제대로 설명해주든가, 거짓말까지 하더라니까? 순식간에 바보된 기분이야."

거래처 입장에서는 성격 까칠하고 어떤 상황에서건 하고 싶은 말은 다 내뱉고 마는 G가 불편했을 수도 있다. 해당 분야에서는 자타공인 전문가인데도 불구하고 자신을 제외해버린 그들의 태도에 G는 뭘 잘못하고 있나, 고민이 깊어졌다.

그러나 사람들과 부대끼는 일에 그렇게 낙심할 필요는 없다. 인생은 늘 문제를 만나고, 그걸 해결하고, 또 문제를 만나고 해결하는 걸 반복하는 법이니까. 문제가 생겼으니 이번에도 해결하면 그만이다. 오히려 관계에 문제가 있구나 싶을 때 사람을 얻는 방법을 연습해보는 것도 좋은 기회가 될 수 있다.

사회생활을 하며 타인의 마음을 얻는다는 건 학창시절에 친구를 사귀는 것과는 다른 차원이다. 나이가 많든 어리든 비즈니스에서는 비즈니스 마인드로 접근해야 한다. 실수해도 구차한 표정으로 '내 얼굴을 봐서' 혹은 '우리가 남이가'라는 식으로 양해를 구하는 태도는 딱 아마추어다. 가족이나 십년지기 친구가 아닌 이상 대부분의 사람들을 대할 때는 다음 세 가지를 기억하면 의외로 마음을 얻는 건 쉽다.

첫 번째, 말하기 전에
메모장부터 켜라

한 번 뱉은 말은 지울 수 없다. 그러니까 말하기 전에 한 번은 더 생각하는 습관을 반드시 가져야 한다. 예를 들어 거래처 담당자가 약속을 자꾸 미루거나 깜빡 잊거나 소홀히 하는 것 때문에 화가 났다고 가정해보자. 이때 열 받은 채 감정적으로 말할 게 아니라 그 전에 노트에 적어라. 정확한 사실과 감정, 그래서 앞으로 어떻게 해주면 좋겠다는 요청사항을 간결하게 적은 다음, 적은 대로만 군더더기 없이 담백하게 말해보자. 이런 습관은 부정적인 감정을 전염시키거나 오해를 불러일으키거나 내가 내뱉은 말 때문에 내 입을 쥐어뜯고 싶은 후회를 미리 막을 수 있다.

두 번째, 부정적인 표현은
의도적으로 없애라

거래처 담당자 입장에서 한번 생각해보자. 프리랜서는 매일 보는 얼굴이 아니다. 어쩌다 만난 사람에게 안부를 물었는데 '아휴, 죽겠어요, 진짜 힘들어요. 마감 시한 좀 늦춰줘요'라고 한다면 기분 좋을 사람이 누가 있을까? 부탁할 거면 징징대지 말고 원하는 바를 제대로 말해야 한다. '담당자님, 이번에 제가 이러저러한 내용을 좀 더 추가해서 새로운 걸 시도해보고 있는데 물리적인 시간이 많이 부족하네요. 완성도를 위해 이틀 정도 시간을 더 주시면 좋은 결과물을 위해 욕심을 한껏 내보겠습니다'라고 말하면 어떨까. 흔쾌히 조정하고 도움을 줄 가능성이 커진다. 사람 관계는 상대적이기 때문이다. 내가 좋은 에너지를 담아 이야기를 전하면 상대도 긍정적인 기분으로 말할 수밖에 없다.

세 번째, 잘잘못을
지나치게 따지지 마라

잘못된 일을 못 본 척 뭉개고 넘어가라는 뜻이 아니다. 남의 잘못을 꼭 따지고 드는 사람들이 있다. '난 틀린 말은 안 해, 내 말이 틀렸어?'라고 눈 똑바로 뜨고 남이 잘못한 거 꼭꼭 짚어내며 도망갈 구석 없게 몰아붙이는 건 미성숙한 태도다. '절대 그럴 일은 없다'라는 말에 들어맞는 일이 얼마나 될까? 거의 없다고 보면 된다. 생각해보면 그럴 수 있는 일들이 대부분이다. 내가 그 입장이었다면 달랐을까, 생각해보면 확신할 수 있는 일이 뭐 그리 많겠는가? 넘길 건 그냥 넘기자. 저 사람도, 나도 사람이라 실수할 수 있다. 굳이 남의 실수를 들추지 말아야 한다.

G는 거래처 사람들이 자신을 싫어하는 것 같다고 느꼈고 심지어 거래처 사람들이 거짓말을 했다는 사실도 알게 되었다. G를 제치고 다른 프리랜서와 프로젝트를 계약하며 그에게는 프로젝트 자체가 무산되었다고 말도 안 되는 변명을 했다. 이런 상황에서 기분 나쁘지 않을 사람이 없다. 애들도 아니고 몇 년을 함께 일해놓고, 같이 못 하게 되었더라도 사정을 설명해주면 좀 좋은가. 자존심 상하게 남을 통해 그 소리를 듣게 하는 건 기본적인 배려도 없는 태도였다.

그런데 이런 상황에 닥쳤을 때 조심해야 한다. 당장 전화를 해서 왜 자기만 쏙 뺐냐는 둥, 이런 얘기를 남에게 들어야겠냐는 둥, 그럴 수가 있냐는 둥 하는 건 냉정하게 말해서 나에게 아무 이득이 안 된다.

대부분의 경우 사람을 몰아세우면 잘못했다고 생각했다가도 반발심이 들고, 저항하기 마련이다. 자기방어가 본능이기 때문에 그렇다. 윤리적으로나 내 가치관에 도저히 그냥 넘어갈 수 없다고 판단한 일이 아니면 시시비비를 별나게 따지지 않는 게 좋다. 생각해보면 누구나 조금씩 잘못하면서 살고 있다. '미안하니까 그랬겠지, 뭐 그럴 수도 있지'라고 생각하고 훗날을 도모하는 태도가 지혜롭다. 그래야 사람을 잃지 않는다.

진정한 프로들은 그런 경우 '그럴 수도 있죠'라며 여유 있게 웃어넘긴다. 뒤끝 없이. 그리고 나서 속으로는 칼을 갈아야 한다.

결국 실력이 부족해서 밀린 거니까. 자존심이 상하겠지만 자존심을 회복하는 길은 실력을 쌓는 방법뿐이다.

때로는 나쁜 부모도
괜찮다

"엄마는 나빠, 나쁜 엄마야!"

"그래, 엄마는 나쁜 엄마니까 예쁜 할머니랑 잘 놀고 있어, 알 겠지?"

아침마다 떨어지지 않으려는 아이와 전쟁을 치르고, 힘겹게 출근하는 과거의 내 모습이다. 워킹 맘들은 대부분 비슷했을 것 이다. 인구절벽이라는 가슴 철렁한 말이 매일같이 뉴스에 오르내 린다. 눈물 없이는 볼 수 없는 생이별의 광경을 애초에 만들지 않 으려는 사람들이 크게 늘어서일지도 모르겠다.

나는 감사하게도 친정 부모님이 전적으로 아이들을 돌봐주 셨다. 아파트 같은 동 위아래에 살면서 초등학교 교사 출신의 젊은 할아버지, 할머니가 전략적으로 24시간 맡아 기르니 나는 그야말로 날개 달고 훨훨 날아가기 딱 좋은 워킹 맘이었다. 사람이 누울 자리 보고 다리 뻗는다고, 그런 상황이다 보니 야근을 하거나 출장 가는 일이 더 잦아졌고 모든 신경과 관심은 가족이 아닌 회사, 일로 옮겨갔다. 일곱 살, 세 살짜리 아들딸을 일주일 만에 본 적도 있고, 한창 초등학교 다닐 때는 학원을 어디로 옮겼는지, 아이들이 수영을 배우는지 태권도를 배우는지도 몰랐다.

언젠가 봄철 초등학교 야외 소풍으로 비상이 걸린 적이 있었다. 풀 속에 전염성을 유발하는 해충이 빠른 속도로 퍼지고 있다는 깜짝 놀랄 만한 이야기가 뉴스에 나왔다. 모처럼 진짜 엄마처럼 "얘들아, 우리 소풍 갈 때 꼭 긴 바지 입고 가자"라고 했다가 뜨악한 아이들의 표정. "왜? 저 벌레에 쏘이면 병원 가야 해. 엄마 말 들엇!"라며 눈에 힘주고 권위 있는 목소리 톤으로 다시 강조하자 "소풍은 지난주에 다녀왔어"라는 대답이 돌아왔다. 거의 매사가 이런 식이었다.

시간이 흘러 이제는 대학졸업반인 딸아이가 무기처럼 쓰는 '엄마, 그때는 말이지?' 시리즈를 들으면 더욱 씁쓸해진다. 중학교 3학년이 될 때까지는 엄마가 집에 있었던 때가 있었나, 싶었다고 한다. 분명히 집에서 출퇴근은 했지만 새벽바람에 나가 다음 날 새벽에 들어오는 일은 예사였고 주말 출근은 일상이었으니 그럴 만도 했다. 더 심한 건 함께 있으면서도 아이들에게는 공부하라고 잔소리나 하고 나 역시 책이나 노트북에 얼굴을 처박고 있었으니, 그 시간조차도 엄마의 부재는 계속된 셈이었다.

변명의 여지도 없이 "그래, 엄마가 참 별로였다, 그치?"라고 하면 아이들은 뭘 그런 걸 꼭 말로 해야 아느냐는 식으로 고개를 크게 끄덕인다. 이제 아들은 직장생활을 하고 딸 역시 곧 사회인이 되는데 "에이, 엄마도 바빴고 힘들었잖아"라는 예의상 한 번의 빈 소리가 없다. 공식적으로 나라는 사람은 퇴직하는 그날까지 나쁜 엄마였다는 데 만장일치다.

워킹 맘도 할 수 있는
행복한 아이 만드는 법

'다시 예전으로 돌아간다면 어떤 삶을 사시겠습니까?'

사실 나는 이런 가정을 싫어한다. 죽었다가 깨어나도 일어나지 않을 일을 가정하며 지난 시간을 되새김질하는 건 체질이 아니라서. 그러나 독자들은 나처럼 후회하거나 자책하지 않았으면 하는 마음에, 하등 소용없는 가정을 해보기로 한다.

만일 내가 삼십대의 젊은 엄마로 돌아간다면 일단 일곱 살, 세 살짜리 아이들과 눈을 마주치고, 포동한 뺨을 정성스레 매만질 것이다. 그리고 '지금부터 엄마랑 신나게 놀아볼까?'라며 세상에서 가장 행복하다는 듯 외칠 것이다. 시간이 허락하는 한 오직 아이들이랑만 눈을 마주치고 웃고 뒹굴며 아이들이 좋아하는 놀이를 마음껏 같이 해주겠다. 그 시간에는 전화도 안 하고, 드라마도 안 보고, 회사 일은 더더군다나 신경도 안 쓸 것이다. 땀이 뻘뻘 나도록 놀아주며 '이 우주에서 네가 최고야, 네가 나의 전부야'라고 마음껏 외치겠다. 놀이가 끝나면 당당하게 이제 엄마는 일터로 돌아가겠다고, 내일은 오늘보다 더 재미있게 놀아주겠다고 작은 손가락에 내 손가락을 걸고 굳게 약속할 것이다. 반드시 그럴 것이다.

2024 파리올림픽 사격 은메달리스트 김예지 선수가 인터뷰에서 이런 이야기를 했다. 태어난 지 6개월 된 딸아이를 두고 사격 연습을 하러 가는 길에 이런 생각을 했다고 한다.

'내가 이 어린 딸을 두고 나와서 대충 하는 건 말도 안 돼. 아이를 두고 나왔는데. 그 어린아이를 두고 나왔는데 말이야.'

그래서 그녀는 다른 선수가 200발 총을 쏠 때 500발, 600발을 쐈다고 한다. 그 어린 딸을 떼어놓고 나왔는데 이 정도는 해야지, 라는 생각으로.

만약 과거로 돌아갈 수만 있다면 일과 육아 사이에서 균형을 잘 잡을 수 있도록 애쓰겠다. 사랑하는 아이와 있을 때는 아이에게만 집중하고, 일터에 있을 때는 김예지 선수처럼 굳게 마음을 다잡고 내 일에 최선을 다하고 싶다. 그렇게 어리고 사랑스러운 자식과 떨어져서 하는 일은 훨씬 더 값어치 있어야 한다.

부모는 모두 자기 자식을 사랑한다. 자녀의 행복이 부모가 일하는 이유라고 해도 틀린 말은 아니다. 그런데 아이도, 부모도 항상 행복할 수는 없다. 어떻게 아이들이 24시간, 365일 행복하겠는가. 그게 더 이상하지. 그래서 오늘 아이들과 10분 행복했으면 만족해도 된다. 아이와 헤어지고, 일터에 있는 내내 함께 있어주지 못한다는 죄책감에 시달리지 않아도 된다는 말이다.

지인 중에 태권도학원을 운영하는 부부가 있다. 하루 몇백 명의 원아들을 픽업하고 가르치고, 부부가 정신없이 움직인다. 그런데 아이들이 아직 초등학생이고, 특별히 봐주는 사람도 없어 아이 둘은 학교가 끝나면 태권도 학원으로 와서 숙제도 하고 밥도 먹는다. 다음에는 근처 수학학원이나 영어학원에 다녀온다.

지인이 말하기를 하루종일 밖에만 있어서 미안하기는 한데, 그래도 부모와 함께 있으니 위로가 된단다. 하지만 사실 그건 부모와 함께 있는 상태가 아니다. 엄마는 아빠와 있고 또 다른 선생님들과 태권도학원을 정신없이 그것도 한밤중까지 운영하고, 아이들 볼 한번 만져볼 시간조차 없는데 같은 공간에 있다고 한들 어떻게 함께 있다고 할 수 있을까?

이것은 과거의 내가 주말 내내 진급시험을 위해 공부하면서 아이들은 옆에서 놀게 한 것과 다르지 않다. 그 상태가 바로 부모의 부재이다. 그래서 부모들은 아무리 짧은 시간이라도 아이들에게 집중하는 시간을 갖는 것이 중요하다. 눈을 마주치고, 온몸과 마음을 다해 놀아주거나 대화를 나누거나, 이 우주에 너와 나 둘밖에 없다는 태도로 서로에게 흠뻑 빠져있는 상태만이 진정으로 '함께' 있는 것이다. 세월이 흐르면 아이에게 남는 건 다른 게 아니다. 땀 뻘뻘 흘리며 함께 뛰고, 온 신경과 마음을 서로에게 집중한 상태로 놀았던 시간, 행복으로 가득한 시간, 그 시간만이 아이에게 남는다. 설령 아이가 기억하지 못한다고 하더라도 아이의 몸에, 마음에 자연스럽게 새겨진다. 그렇게 아이는 행복한 사람으로 자란다.

그러니 저녁 늦게 집에 가서 이미 잠든 아이의 얼굴을 보며 미안해하고 자기연민에 빠질 필요 없다. 종일 아이와 함께 있으며 스마트폰으로 드라마 보고, 친구와 전화로 수다 떨며 아이에게 게임기를 쥐여주는 부모가 되지 않으면 된다. 열심히 일하고 아침이나 저녁에 잠깐, 주말 한나절, 아이에게 집중하라. 그 밀도만이 의미가 있다. 떨어져있는 시간을 나쁜 엄마라고 하면 어떠랴. 떨어져있는 동안에는 누구보다도 열심히, 아이들이 자랑스러워할 만한 부모로 성장해야 한다. 그 상태가 나쁜 엄마, 나쁜 아빠라면 그저 감수하는 수밖에 없다.

아무리 사랑하는 사람이 있어도 그 사람을 위한답시고 무조건적인 희생을 해서는 안 된다. 내가 우선이 되어야 한다. 그게 상대에게도 더 좋은 일이다. 아이도 부모가 불행하기를 원하지 않는다. 부모가 행복해야 아이도 행복하다. 불행한 시간을 쌓아 놓고 '내가 너한테 어떻게 했는데'라는 원망은 가족 모두에게 폭력과도 같다. 진정으로 사랑하는 가족을 위하는 길은 내가 행복하고, 몸과 마음이 건강하도록 나를 많이 아끼고 성장시키는 일이다. 그렇다면 나 자신이 이 우주에서 축복받고 있고 그래서 모든 일에 감사함을 깨닫는다. 결국 그 마음이 사람을 보살핀다.

때로는 나쁜 부모가, 나쁜 딸이 되어도 상관없다. 나를 위해, 사랑하는 가족을 위해 과감하게 나빠져라.

부부싸움은
칼로 두부 베기

    어느 인기 유튜브 채널에 등장한 이야기다. 그 채널은 누구나 할 거 없이 보편적으로 꺼릴 만한 질문에 대답하면 돈을 주는 콘텐츠를 주로 만들었다. 예를 들어 교회에 가서 교회보다 절이 좋은 이유를 묻거나, 데이트하는 남녀에게 다가가 남자 쪽을 쳐다보며 전 여친이 현 여친보다 더 나은 점을 세 가지 말하면 돈을 준다는 식이다. 실제로 어느 눈치 없는 남자는 전 여친이 더 예쁘다고 하면서 돈을 받아갔다. 그 커플은 장담하는데 곧 헤어질 거다. 돈이 사람을 망치는 모습을 생생하게 확인할 수 있었다.

    한번은 유튜버가 가정법원 앞에서 돈과 마이크를 들이대며 "이혼 사유를 공개하면 10만 원을 받는 게임입니다"라고 외쳤다.

마이크를 코앞에 들이밀었는데도 당황하지 않고 담담한 표정으로 일관한 중년의 여성이 "젊은 여자랑 바람이 나서 이혼해달라고 저를 협박했어요"라고 말했다. 그리고 이어지는 말이 굉장히 인상적이었다.

"저는 그 인간이 잘되기를 원치 않아요. 돈 많이 벌면 안 되죠. 나랑 이혼했는데!"

그는 해맑게 웃으면서 10만 원을 냉큼 받아들었다.

세상이 참 많이 변했다. 예전 같으면 어찌 이혼 사유를 온갖 사람이 다 보는 데 나와서 얼굴 공개하고 적나라하게 얘기할까, 혀를 끌끌 찼을 거다. TV 프로그램에서도 이혼을 다루는 콘텐츠들이 늘고 있다. 일반 예능프로그램에서도 이혼을 유머 코드로 자주 다룬다.

한번은 이혼으로 힘든 시기를 보내야만 했던 배우가 한 인터뷰에서 이런 이야기를 들려주었다. 이혼 기사가 나간 후 과일가게 사장님, 식당 주인, 카페 아르바이트생 등 일면식도 없는 사람들이 그를 보고 "파이팅!"이라 외치며 다정한 미소를 보낸다고 말했다. '나는 너를 응원해, 힘내고 잘 살아야 해'라는 눈부신 격려다. 더 나아가 그는 예쁜 얼굴로 이혼한 전 남편에게 외쳤다. "이제는 자유롭게 마음껏 하고 싶은 대로 하고 살아"라며 자신의 이혼을 긍정적으로 승화시켰다.

시청자들은 이제 이러한 내용에 거부감을 느끼지 않는다. 바

람나서 배우자와 신의를 저버렸으면 이혼하는 거고, 피해자에게
는 비난의 여지 없이 위로하고 응원해야 한다는 정서가 이미 자
연스럽게 우리 안에 있는 셈이다.

이혼하면 큰일이 난다거나 인생 실패라는 등식이 성립되지
않는 만큼 이혼율은 쑥쑥 올라가고 있다. 양재역 지하상가를 지
나다 보면 기둥마다 '수만 건 이상 이혼사례'라는 변호사 사무실
광고가 가득하다. 이혼 변호사들은 포즈도 동일하다. 남자건 여
자건 일단 팔짱을 낀다. 그리고 '원수만도 못한 당신 배우자의 재
산을 탈탈 털어 알거지로 만들어주겠어, 나를 믿어!'라는 표정을
짓고 있다.

사람을 있는 그대로
인정하는 마음의 힘

요즘 이혼의 추세는 황혼이혼이다. 보통 결혼생활을 20년 이
상 지속한 부부가 이혼할 때 황혼이혼이라고 부른다. 이들을 실
버 스플리터 Silver splitter라고도 하는데 빌 게이츠와 멜린다 프렌치
게이츠도 결혼 27년 만에 이혼했다. 이렇게 멀리 갈 것도 없다.
일본의 황혼이혼도 역대 최고치를 기록했다는 기사가 눈에 띄게
보인다. 국내 황혼이혼도 만만치 않다. 2023년 통계청 발표 자료

에 따르면 약 3만 3,000건이고, 이는 10여 년 사이에 두 배나 증가한 기록이다.

왜 이렇게 이혼이 늘어만 갈까? 내가 오십대이니 더 관심이 가는 황혼이혼을 살펴보자면 보통 여자 쪽에서 이혼을 원한다. 남편의 퇴직도 큰 동기가 된다. 자녀는 독립했고, 남편이 퇴직하면 부부가 함께할 시간이 길어진다. 퇴직 전에도 썩 관계가 원만하지 못했는데 어찌 종일 얼굴을 마주하고, 삼시 세끼 밥을 먹는단 말인가? 여기까지 생각이 미치면 숨 막혀, 기가 막혀 이혼을 꿈꾸며 남편의 보험이나 연금, 퇴직금을 얼마나 어떻게 내 몫으로 나눌 수 있는가에 노심초사한다. 이런 현상을 보며 이혼은 하루아침에 충동적으로 이루어지는 바가 아님을 깨닫는다. 천천히, 그러나 끊임없이 흐르는 물이 둑을 무너뜨리고, 살짝 금이 간 유리창이 바람에 와장창 깨져나가듯이 이미 오랜 시간 진행되어온 일이다.

원치 않아도 백 살까지 살아야 한다는 시대에 부부가 별 탈 없이 지내기 위해서는 결혼의 전체 과정에 공을 들이는 것이 중요하다. 보통 신혼 때는 공들이지 말라고 해도 자발적으로 공을 들이기 마련이다. 함께 식사하고, 시시콜콜한 일상을 묻고, 배부르다며 손 붙잡고 산책 나가고…… 이게 바로 공을 들인다는 것이다. 이런 일상이, 정성이 필요하다.

그런데 이런 정성은 점점 희미해진다. 제일 먼저 나타나는 증상이 서로를 못마땅해하는 것. 결혼하기 전에는 이렇게까지 안 맞는 줄 몰랐다며 하소연을 하는 부부들이 많다. 원래 사람과 사람은 안 맞는 게 당연하다. 안 맞는 부분에 끌려 결혼하고는 또 그 부분을 못마땅해하며 괴로워하는 게 결혼생활이다. 그래서 가장 좋은 처방전이 '그러려니'이다. 배우자의 단점을 내 마음에 맞게 뜯어고치는 것은 불가능하다. 예를 들어 주변 정리정돈을 못 하는 아내는 앞으로도 내내 그렇게 살 것이다. 깔끔하고, 완벽하게 정리정돈을 하는 아내로 만드는 걸 포기해야 한다는 소리다. 그냥 내가 집 안을 내 마음에 맞게 깨끗이 정리하는 걸로 만족해야 한다. 남편이 주말 내내 소파와 한 몸이 되어 떨어지지 않는다면? 혹은 주말마다 들로 산으로 밖으로만 나돈다면 아마도 그 습관 역시 고치기 힘들 거다. 그런 남편을 보기 힘들다면 아내 역시 주말에 자신이 좋아하는 일을 하면서 남편을 자기 관심사에서 밀어내야 한다. 그것이 가장 효율적인 방법이다.

그러나 매사에 이렇게만 살아도 위험하다. 도무지 어쩔 수 없는 습관은 못 고친다고 하더라도 원하는 것을 표현하며 사는 것을 절대 놓쳐서는 안 된다. 싸우는 게 두려워서 혹은 피곤해서 그냥 넘어가고, 표현하지 않으면 문제는 더 커진다. 만약 맞벌이 부부가 가사분담이 불공평해서 불만이 쌓여간다면, 최악의 경우는 불만만 가득한 채 말은 안 하고 배우자를 미워하는 태도이다. 다음으로 나쁜 상황은 말끝마다 불만을 표현해서 별거 아닌 일로 자잘하게 계속 싸우는 경우(지친다 정말!), 또 다른 나쁜 상황은 정확하게 원하는 바를 상대에게 전달하지도 않으면서 계속 비난 일색인 경우다. 상대에게 원하는 바가 있으면 최대한 부드럽게 표현해보자.

"당신은 어쩜 그렇게 자기 생각밖에 안 해? 나는 돈 안 버냐? 왜 집안일은 내 차지인데? 이기적이야 진짜, 못됐어!"라고 말하지 말자. 이렇게 말해봐야 아무것도 달라지지 않는다. '늦게 퇴근해서 체력이 너무 떨어지니까 우울감이 오는 것 같아. 당신이 우리가 정한 규칙대로 집안일을 회사 일처럼 제대로 정확하게 해주면 훨씬 몸도 정신도 편할 것 같은데 그렇게 해주겠어?'라고 물어보자. 분명 미안하다는 말과 함께 규칙을 지키겠다는 굳은 약속도 받아낼 수 있을 것이다. 이렇게 말하면 나 역시 기분이 그리 상하지 않는다. 말하면서 더 열받는 경우가 있지 않은가. 내가 나의 울분을 표현하는 방법을 알고 있다면 분노도 말하며 가라앉힐 수 있어 내게 더 좋은 일이다.

부부싸움이 '칼로 물 베기'라는 말은 어느덧 전설이나 신화로 남을 만한 말이 되었다. 아니, 그 말은 거짓말이다. 하지만 그렇게 알고 있어야 건강한 우리 모두의 부부생활을 위해 유익하다. 국가 간에도 전쟁이 일어나지 않게 하려고 각고의 노력을 한다. 전쟁 자체가 이기든 지든 서로에게 엄청난 상처와 피해를 주기 때문이다. 부부관계도 마찬가지다. 오히려 국가 간 전쟁보다 심하면 심했지 덜하지 않다. 툭툭 잘 털고 일어나는 경우도 있지만, 아예 인생이 무너지는 경우도 많다. 그래서 부부싸움은 칼로 물 베기가 아닌 '칼로 두부 베기'라고 할 수밖에. 싹둑 베고 나면 다시 이어 붙일 방법이 없기 때문이다.

　개인적으로 이혼이 그렇게 나쁜 일이라고는 생각하지 않는다. 오히려 평생을 불행하게 사느니 남은 인생이라도 당신 없으면 훨씬 낫겠다, 싶으면 이혼을 고려해봐도 좋다. 그러나 안 그래도 복잡하고 힘든 세상, 이왕이면 싸우지 않고 우정을 나누며 연민의 눈길을 주고받으며 그냥저냥 결혼한 배우자와 끝까지 사는 것은 여러모로 효율적임에는 틀림없다. 그러기 위해 상대로부터 좀 자유로워지자. 바꾸고 고치는 것은 불가능하다는 것을 인정하고 느긋하게 바라봐야 한다. 잘라내면 이어붙일 수 없는 관계라 생각하고 조심스럽게 다루어야 한다. 부부로 산다는 것, 쉽지 않은 이유다.

갉아먹는 관계와
쿨한 이별

친구들이 모였을 때 이혼이 화제에 오른 적이 있다. 지금도 사회활동 잘하며 부지런히 돈을 벌고 있는 친구들이다. 그중에서 T는 남편이 금전 사고를 한 번씩 크게 치는 바람에 고액 연봉을 받으면서도 늘 빚에 허덕인다. 온 세상이 요란하게 연애하더니 결혼생활 역시 시끄럽게 하는구나 싶었다. 사네, 못 사네, 안 사네를 반복한 지도 어느덧 20년이 넘었고 친구들 대부분이 T 남편의 근황을 알 지경이다. 그는 한 번은 투자를 잘못해서 말아먹고, 또 한 번은 믿었던 직원에게 뒤통수를 맞았으며 이유도 다양하게 T의 통장을 텅 비게 만들고 있다. 그런데 몇 년 조용하다 싶더니 이번에 또 한 건 했단다. 그간 T를 볼 수 없었던 새로운 이유는 가

나답게 사는 순간, 비로소 어른이 되었다

상화폐였다.

보다보다 속이 터져버린 친구가 "너 이혼해라"라고 소리를 버럭 질렀다. 그러자 T는 "바빠서 법원에 갈 시간이 없어"라며 덤덤하게 말했다. 듣고 있던 친구들이 애꿎게 가슴만 내리치고 있을 때 어쩐지 T의 마음을 알 것도 같았다. T는 평생 돈 하나 때문에 자신을 피폐하게 만드는 남편과 헤어질 생각이 없었던 거다.

살다 보면 그런 관계들이 있다. 말로는 다 설명할 수 없는 관계, 옆에서 왈가왈부할 수 없는 관계, 함께하면 어느 한쪽이 갉아먹히는 느낌이 들면서도 막상 헤어질 수 없는 사람들. 가깝게는 가족이 그렇고, 친구나 직장동료, 거래처가 그렇다. 무 자르듯 싹둑 베어낼 수 있다면 얼마나 좋을까. 그런 인간관계라면 미련 없이 그렇게 하면 된다. 그러나 칼같이 끊어낼 수 있는 관계가 어디 그리 흔한가. 그렇다면 끊어내고 싶어도 끊어낼 수 없는 관계 속에서 나를 지키면서 잘 살아가려면 우리는 무엇을, 어떻게 해야 할까?

나를 위해서
그 사람을 인정하라

유감스럽게도 지금 그런 사람이 곁에 있다면 가장 먼저 해야 하는 일은 상대를 있는 그대로 인정하는 것이다. 말처럼 쉽지 않다. 보통 참고, 견디면 상대가 변할 것이라고 기대한다. 때로는 상대에게 내가 꿈꾸는 이상적인 존재를 갈망하기도 한다. 형제보다 더한 우정, 가족 같은 동료, 나를 위해 기꺼이 희생하는 연인 등을 드라마의 소재로 자주 사용하는 이유도 이러한 판타지를 충족시키기 위해서다.

그러나 현실은 다르다. 전에 다니던 회사에 악명 높은 선배가 있었다. 후배들을 괴롭히기 위해 출근하나 싶을 정도였다. 선배는 신입부터 시작해 자신보다 직급이 낮은 부하직원들을 툭툭 건드리고, 찔러보며 기분 나쁘게 만들었다. 그런 선배를 어찌할 수 없었던 이유는 하나. 그가 일 하나는 정말 끝내주게 잘하기 때문이었다. 해결능력도 뛰어나지만, 문제를 끄집어내는 능력도 남달라서 은근슬쩍 넘어가려는 타 부서의 실수 하나도 그냥 넘기는 법이 없었다. 이렇다 보니 다들 그를 보면 꼬투리 잡힐까 쩔쩔매는 분위기였다.

나 역시 처음에는 마찬가지였다. 그 선배 때문에 울고불고하며 뭐 저런 인간이 다 있나, 감사팀에 찔러야 하나 어쩌나를 고민하는 순간도 있었다. 하지만 그렇게 해봐야 나만 손해라는 생각이 들고 나서는 전략을 바꿨다. 어차피 안 보고 살 수도 없고, 계속 부대껴야 하는데 더 이상 스트레스받고 싶지 않았다. 마음을 고쳐먹었다. '그래, 어차피 함께 일해야 할 사람이라면 그 자체로 인정하고 마음으로, 정서적으로만 끊어내자!' 다짐했다.

굳게 마음을 먹은 후 얼마 가지 않아 새로운 일이 하나 터졌다.

"이야~ 유 대리. 오늘 의상 뭐야? 한국전쟁이야? 거지 같애."

혼자 말하고 혼자 자지러진다. 회의 시작 10분 전, 적막 속에서 선배의 웃음소리만 회의실에 가득 울려 퍼졌다. 그는 회의하러 모인 직원들이 다 있는 데서 내가 무안해지기를 기대한 거다. 그러나 나의 대답은 이미 준비되어 있었다. '어머' 하고 얼굴 빨개지는 그런 식상하고, 순진한 장면은 아니었다. 나는 이미 그와 결별했다. 다만, 그를 인정했다. 그의 고칠 수 없는 인품과 그럼에도 불구하고 함께 일해야 한다는 현실을 인정했다. 그래서 쿨할 수 있다.

"선배, 오늘 레퍼토리는 겨우 그거예요? 약한데? 요즘 아이템 빈곤이야. 분발하셔야겠어요."

가볍게 장난을 치는 듯하지만 '선을 넘지 말라는 뉘앙스'가 느껴질 정도로 냉정한 표정과 건조한 목소리로 말했다. 주변에서 킥킥대는 동료들 때문에 되려 선배의 얼굴이 살짝 붉어졌다. 그는 이후 나를 괴롭히지 않았다. 재미가 없어졌겠지.

T도 그러지 않았을까. 오래전부터 정서적으로 남편과 결별한 게 아닐까. 그렇게 짐작해보니 그런 그를 더욱 이해할 수 있었다. 부부의 일은 사실 부부밖에 모른다. 부부가 이혼하지 않는 일이 어디 이혼할 만한 사정이 없어서겠는가. T는 남편의 태도나 행

동이 결코 바뀌지는 않을 것을 알고 받아들인 이후에는 정서적으로 연결고리를 스스로 없애버림으로써 결혼생활을 가능하게 했을 수도 있다.

나와의 관계에
집중하라

T가 결혼생활을 유지할 수 있었던 또 다른 이유가 있다. 타인이 아닌 자기 자신에게서 가장 중요하게 생각하는 욕구를 채울 수 있었기 때문이다. T는 금전 문제를 일으키는 남편만 제외하면 성공한 인생을 사는 커리어우먼이다. 사회적으로 인정받는 대한민국 1퍼센트 고액연봉자. 이것이 그의 자부심이다. 노력해서 얻는 뛰어난 결과물, 자기실현에 집중하는 T는 그 욕구를 충족시키고 드높은 자신감으로 다른 문제들을 사소하게 만들어버린다. 남편과의 관계가 이어질 수 있는 이유이기도 하다.

이렇듯 내 감정에 매몰되지 않고 관계를 유지하는 힘을 기르기 위해서는 타인을 그 자체로 인정하는 것 외에도 스스로를 돕는 태도가 중요하다. 친정엄마의 말 습관 중에 '내 손이 내 딸'이라는 말이 있다. 엄마는 음식을 정말 잘하시는데 연세가 많으니 본인이 직접 요리하는 일이 점점 줄어든다. 외식하거나 엄마의 손맛을 전혀 닮지 않은 딸이 하는 음식을 드셔야 하니 입맛에 맞을 리 없다. 어쩌다 기운을 낸 엄마가 찌개를 끓이고 나물을 무치고 생선을 졸이면 거의 환상이다. 그 맛있는 음식을 먹으면서 엄마는 내 손이 내 딸이라고 말한다. 내가 나를 돕는다는 데 가장 최적화된 표현이다. 이런 의욕들을 좀 더 끌어올릴 때 우리는 타인에게 덜 의존하고 자존감도 높일 수 있다. 나의 욕구를 타인에게서 충족하려는 습관에서 벗어나야 한다는 의미다. 내가 원하는 것을 스스로 해결하려고 할 때 관계는 더 건강해진다.

친구에게 의존적인 사람은 좋아하는 사람을 위해 많은 일을 한다. 친구가 몸살이 나서 드러누웠다면 깨죽을 쑤고 우유에 수삼을 넣고 갈아 소독한 유리병에 챙긴다. 뭘 먹어야 기운을 차리지, 생색내는 잔소리를 해대며 생기가 넘친다. 그렇게 지극정성을 다했건만 막상 그런 본인이 입원했을 때 그 친구가 코빼기도 비치지 않는다면 어떨까? 전화도 아닌 메시지 하나가 달랑 도착한다. '많이 아프니? 건강이 최고다! 몸조리 잘해라~' 이 메시지를 들여다보며 서운해서 눈물이 찔끔 난다면 누가 잘못한 걸까?

항상 퍼주기만 해도 돌아오는 게 없는 관계는 나의 마음을 갉아먹는다. 돌아오는 게 없어 마음에 생채기가 난다면 내가 나를 돕는 나와의 관계를 다시 돌아봐야 한다. 내 손이 내 딸이라는 말처럼 내 손이 그 사람이 아닌 나를 돕게 만들어야 관계에 의한 상처라는 악순환에서 벗어날 수 있다. 거창할 필요도 없다. 좋은 친구, 잘해주고 싶은 사람에게 오지랖 넓게 하는 습관 그대로를 내게 적용하면 된다. 혼자 먹는 밥도 대충 먹는 법 없이 내가 나를 대접하듯 살뜰히 챙기는 것부터 시작한다. 혼자 먹으니 비싼 걸 먹을 수 있겠어, 콧노래를 부르며 영양가 있는 메뉴를 고르자. 좋아하는 고기나 생선을 굽고 싱싱한 샐러드를 곁들여 예쁜 그릇에 담는 정성을 내게 쏟는 것이 나 스스로를 대접해서 돕는 방법이다. 내가 나를 돌보면 딱 돌보는 만큼 돌아온다. 건강이 좋아지고 자존감도 높아진다. 마음을 갉아먹는 관계에 퍼붓는 것과는 질적으로 다른 보상을 받는 셈이다.

나는 마음을 다했는데 상대가 내 마음 같지 않아 힘들다면 그와의 관계를 정서적으로 조용히 정리하자. 온갖 안테나를 세우고 좋은 인상을 주고자 최선을 다하는 것보다 내 실력을 확실하게 올리는 데 집중하는 노력이 나를 살게 하고 앞으로도 계속 이어질 관계 속에서도 이길 수 있는 법칙이다.

누굴 만나는가에 따라
인생이 달라진다

그때 그 사람을 만나지 않았더라면 내 인생은 어떻게 되었을까? 살다 보면 내 인생에 깊숙이 들어오는 사람들이 있다. 그로 인해 인생이 헤집어지기도 하고 온전히 가다듬어지기도 한다. 때로는 가고자 하는 방향이 아예 달라지기도 한다.

2024 파리올림픽으로 전국이 들뜬 열기로 가득했을 때 나역시 들뜬 마음으로 TV에서 시선을 떼지 못했다. 선수들 인생 최고의 순간을 바라보는 것만으로도 온몸과 마음이 짜릿짜릿했다. 이렇게나마 함께할 수 있으니 그 자체로 영광이었다. 그중에서도 유난히 가슴을 울린 대목은 남자 사브르 개인전 결승 경기였다. 한국 사브르 간판스타 오상욱 선수는 결승전에서 주도권을 잡고

14:5를 만들며 일찌감치 금메달을 예약하는 듯했다. 하지만 막판 한 점을 남기고 파레스 페르자니 선수의 맹추격에 14:11까지 추격을 허용했다.

하지만 승부를 가르는 금빛 찌르기로 금메달을 확정 지은 오상욱 선수는 이후 이어진 인터뷰에서 이런 이야기를 전했다. 경기 중 온몸에 흠뻑 땀이 쏟아질 정도로 긴장할 때나, 자꾸만 부정적인 생각이 들 때 곁에 있던 원우영 코치 덕분에 이겨낼 수 있었다며 '아냐, 할 수 있다! 네가 최고다!'라는 말이 가장 큰 힘이 되었다고 고백했다.

인터뷰를 보던 나는 당장 유튜브로 경기 장면을 찾아보았다. 오상욱 선수 뒤에서 원우영 코치가 두 주먹을 불끈 쥐고 목이 터져라 네가 최고라고 소리를 지르고 있었다. 이후에도 오래도록 그 장면이 마음에 남았다. 그래, 혼자서 할 수 있는 건 이 세상에 없다. 정상은 혼자만 서는 게 아니었다. 누군가의 결정적인 도움이 있어야만 정상에 설 수 있다는 사실이 새삼스러웠다. 금메달리스트를 만들어낸 원 코치처럼 한결같이 응원하고 믿어주고 나를 위해 기도해주는 사람, '그때 그 사람이 없었으면 어쩔 뻔했어?' 하고 가슴을 쓸어내리게 하는 사람들이 누구에게나 있다. 사실 원 코치도 마찬가지였을 거다. 수많은 선수들 중에서 오상욱이라니. 금메달리스트 재목을 코칭하며 그는 또 얼마나 많은 것을 배우고, 자존감을 드높였을까.

이렇듯 수많은 만남과 헤어짐 속에서 문득 깨닫는 건 누구를 만나는가에 따라 내 인생이 달라질 수 있다는 사실이다. 건강한 영향력으로 나를 응원해주는 사람이 곁에 있어야 한다는 말이다. 이를 위해 우연한 기회를 기다리기보다는 어떤 사람을 만날 것인가 고민해봐야 한다. 사람을 좀 더 예민하게 느끼고, 좋은 쪽으로 인생의 길을 함께 걸어가줄 사람을 알아보는 안목은 삶을 다채롭게 만든다. 그 방법을 한번 살펴보자.

첫 번째, 자기 자신에게
투자하는 사람

주변을 둘러보기 전에 나는 나 자신에게 어떠한 투자를 하고 있는지부터 따져보자. 내가 나에게 투자하지 않는다면 내 곁에 있는 사람도 자기 투자는 남의 일로 생각할 확률이 높다. 끼리끼리라는 말이 괜히 있는 게 아니다. 비슷한 사람끼리 어울리는 법이니까.

출근하기 전 피트니스 센터에 들러 운동하는 사람, 하다가 마는 게 아니라 몇 년씩 꾸준히 하는 사람, 이런 사람이 자기 자신에게 투자하는 사람의 좋은 본보기다. 건강과 체력이 뒷받침이 돼줘야 하고 싶은 일, 해야 하는 일도 훨씬 더 잘하는 법이라는 걸 아는 사람이기에 곁에 두면 좋은 영향을 받을 수 있다. 주말마다 등산, 마라톤에 열을 올리는 사람, 아니면 유료 세미나를 쫓아다니거나 돈도 없어 보이는데 꾸준히 부동산을 보러 다니는 사람, 이러한 유형의 사람도 주변에 있다면 가까이 다가가 보자. 친하게 지내서 하등 나쁠 일이 없다. 성장하려고 애를 쓰는 사람은 곁에 있는 것만으로도 건강한 자극이 된다.

두 번째, 언제나 좋은
선택을 하는 사람

자신에게 투자하는 사람을 눈여겨보면 선택을 잘하는 사람도 알아차리기 쉽다. 제대로 된 선택을 하는 사람이야말로 나에게 좋은 영감을 줄 수 있는 사람이다. 사실 세상 모든 일은 선택의 연속이다. 우연은 없다. 오늘의 선택이 내일의 결과를 만드는 법이다. 이른 아침, 알람이 울리기 시작할 때 꿀맛 같은 단잠을 조금 더 취하다가 헐레벌떡 정신없이 뛰어나갈 것인가? 아니면 지금 벌떡 일어나서 스트레칭을 하고 하루를 시작할 것인가? 이 작은 선택은 나비효과처럼 내 인생에 커다란 파장을 일으킨다.

주위를 둘러보면 언제나 좋은 선택을 하는 사람들이 있다. 예를 들어 한 달 내내 준비해서 경쟁 입찰에 참여했는데 우리 팀이 떨어졌다고 하자. 여기에서 팀장은 어떤 선택을 해야 할까? 가장 좋은 선택은 우리가 최선을 다했음에도 선택받지 못했다는 걸 시원하게 인정한다. 다음으로 실패 원인을 분석해 팀원들에게 공유하고, 다음 기회에는 보완하자며 다시 전열을 정비하는 것이다.

반대로 이 상황에서 나쁜 선택은 무엇일까? 바로 남 탓하기다. '그러니까 내가 이렇게 하자고 했잖아, 괜히 쓸데없는 데 시간 쏟고 이게 뭐야?'라며 팀원을 원망하고 짜증 내는 리더가 세상에서 제일 못난 팀장이다. 실패는 하나의 과정이지 직장생활 전체가 아니다. 그걸 알고 있는 사람만이 좋은 선택을 할 수 있다. 내 리더가 어떤 선택을 하는 사람인지 바라보고 좋은 선택을 하는 사람이라면 곁에 딱 붙어 충성을 맹세해도 좋다. 그러나 나쁜 선택을 하는 리더라면 가능한 한 거리를 두고 영향받지 않도록 노력하는 게 이득이다. 내가 리더라면 좋은 선택을 하는 사람이 될 수 있도록 멀리 보는 연습을 하며 지금 할 수 있는 일에 최선을 다해보자.

세 번째, 행복을 재능으로
소유한 사람

가능한 한 내 곁에 두고 싶은 사람, 함께 있으면 마음이 놓이는 사람, 내 인생의 한 부분을 내주고, 함께 걸어가고 싶은 사람은 행복을 재능으로 소유한 사람이다. 똑같은 상황에서도 어떤 사람은 행복을 느끼고, 또 어떤 사람은 투덜댄다. 그럴 수 있다. 행복의 절대 조건은 없기 때문이다.

후배 N은 행복이라는 재능을 제대로 발휘하며 사는 사람이다. 나와 함께 일하다가 육아로 인해 눈물을 머금고 퇴사한 친구다. 학벌도 좋고, 수려한 외모에 일도 잘해서 촉망받던 N이 소위 '경단녀'가 되어 쌍둥이 아들과 함께 전쟁 같은 육아를 시작했을 때 우리 모두 조금은 걱정이 앞섰다. 누구보다 일을 좋아하는 그가 과연 전업주부로 잘 지낼 수 있을까? 그러나 웬걸. N은 타고난 육아선수였다. 아이들과 온몸이 흠뻑 젖도록 뛰어다니며 놀아주다 보면 피트니스 센터가 필요 없단다. '운동 효과는 짱인데 심지어 공짜야!'라는 그의 메시지를 보고 한참을 웃었다. 아이들이 커가는 모습을 매일 지켜볼 수 있어서 자기는 세상에서 가장 '럭키'한 쌍둥이 엄마라고 즐거워하던 N도 자녀들이 초등학교 4학년이 되자 다시 사회로 복귀했다.

그러나 그동안의 경력단절은 큰 장벽이 될 수밖에 없었다. 여러 군데 이력서를 넣었지만, 그녀를 받아주는 회사는 사장 포함 직원이 열 명도 안 되는 작은 회사뿐이었다. N의 스펙으로 따지자면 당황스럽기도 했으련만 역시나 그녀는 아주 신바람이 났다.

"선배, 여기 대박이야. 인원이 적으니 별걸 다 해야 해. 영업,

회계, 인사, 총무 구분이 없어. 우헤헤헤. 이렇게 배우면 얼마 안 가서 내 회사를 차릴 수도 있겠어!"

오랜만에 야근하니 밤공기가 다르다는 둥 좋아하는 N을 보며 그렇게 밤늦게 들어가면 대체 살림은 어떻게 돌아가고 있냐고 물었다.

"이 없으면 잇몸으로 산다는 얘기가 딱 맞아. 내가 없으니 애들도 덜 어지르고 남편도 청소에, 빨래까지 하더라니까? 산 교육이지 뭐유. 저녁에 김치볶음밥 하나 해서 네 식구가 계란프라이 10개쯤 해서 푸짐하게 얹어 먹으면, 뭐 다들 좋아라 해. 너무 감사하지, 뭐."

그야말로 노 프라블럼! 아무 문제 없음! 〈인생은 아름다워〉의 전형을 보는 듯했다. 행복이 재능이기에 가능한 일이고 그런 N 곁에 가능한 한 오래오래 붙어있기로 결심했다. 좋은 인생을 함께 걸어가기에 맞춤인, 그래서 내 인생에도 행복을 전염시키는 친구를 누가 싫어할까.

그리고 하나 더. 나 역시 그들을 위해 함께 걸어가기에 좋은 인생 친구가 될 궁리를 오늘도 열심히 한다. 나를 만나서 그들의 인생이 좀 더 좋은 방향으로 흘러가기를 바라기 때문이다. 내가 사랑하는 사람들에게 귀인이 되어주는 것만큼 좋은 일이 또 있을까. 가능한 한 좋은 선택을 하며, 날마다 더 행복하도록 애써보자. 그리고 다른 누구도 아닌 스스로에게 투자하며 살면 나도 친구들

의 귀인이 되어간다는 기대감, 좋은 인생은 그 기대감이 더욱 반
짝이고 견고해질 때 점점 더 내게 다가온다.

　　　　나답게 사는 순간, 비로소 어른이 되었다

사람이 따르는
어른의 대화법

장사가 잘되는 집을 보면 공통점이 있다. 가게 주인이 손님들과 소통을 기가 막히게 잘한다. 예컨대 소통 문제는 회사에도 적용해볼 수 있다. 사람들과 잘 지내고 유능함을 인정받는 직원들을 잘 보면 모두 소통에 능한 사람들이다.

그렇다면 언제 들어도 반짝거리는 예쁜 말투로 좋은 관계를 맺는 사람들의 비결은 무엇일까?

말에 욕심내지
않는다

말을 잘한다고 인정받는 사람 중에 말 많은 사람은 없다. 많은 정보를 전하려 하거나 더 근사하게 말하고자 하는 욕심이 들어가는 순간 횡설수설 장황해진다. 그래서 단문으로 말하고, 불필요한 어려운 단어는 아예 빼는 것이 좋다. 영어를 섞어 쓰면서 남들이 모르는 단어를 중간중간 넣어야 어휘력이 뛰어나다고 착각하는 사람들이 의외로 많다.

실제로 미디어 매체에 자주 등장하는 유명인 C가 유력 정치인 D를 비난하며 '어휘력에 한계가 있는 사람'이라고 말했다. 그 말을 하는 C는 꽤 볼 만했다. 누군가를 비난하면서 온화하고 밝은 표정을 가지기는 어렵다. D를 비난하는 C의 표정은 눈을 세모꼴로 치켜뜨고 잔뜩 일그러져 있었다. 억양은 높아지고, 말이 점점 빨라진 C는 어휘력에 한계가 있는 D에 대한 자신의 평가에 근거를 대기 위해 '리미트', '애티튜드', '네거티브', '컨트롤' 등등 우리말로 해도 전혀 문제없는 단어를 굳이 영어로 바꿔 쓰며 열변을 토했다. 본인의 어휘력이 더 부족하다는 걸 C는 깨닫지 못하고 있음이 분명했다.

D가 사용하는 단어의 수가 C보다 제한적일지는 모르지만, 말을 예쁘게 잘한다는 것은 사용하는 단어의 수와는 하등 관계가

없다. 말을 잘하는 사람들은 상황 파악도 잘한다. 말을 길게 해야 할 때와 짧게 해야 할 때를 구분할 줄 안다. 예를 들어 거래처와 미팅을 마치고 직장상사에게 보고할 때 말에 욕심내지 않는다는 원칙을 적용하면 자연히 상대에게 가장 필요한 말만 요약해서 말할 수 있다. '직장상사는 어떤 말이 듣고 싶을까?' 생각해보고 그 이야기를 가장 먼저 하면 된다. 직장상사는 거래처와 계약이 성사되었는지, 아닌지 결론만이 중요하다. '거래처와 세부 계약조건을 합의했습니다' 혹은 '계약이 확정되었습니다' 이 이야기가 필요한 셈이다. 그게 아니라 처음부터 내가 얼마나 이 계약을 따내기 위해 실력을 발휘했는지 어필하려는 욕심에 "그 회사 보통이 아닌데요. 계약 내용을 다섯 명이 돌아가면서 따지고 들어서 시간이 많이 걸렸습니다(그래서 계약이 되었냐고?). 사장이 미팅시간에 들어오지 않아 2시간이나 기다렸고, 이후에도 회의 장소를 이동해서……(그러니까 계약하기로 한 거냐?)" 이렇게 말해봐야 직장상사 분통만 터뜨리고 화를 돋울 뿐이다. 자신의 활약상은 계약 성사라는 결론의 부록과도 같다. 상대가 듣고 싶어 하는 얘기부터 먼저 하고 자잘한 이야기나, 후일담은 다음에 상황을 봐서 어필하면 그만이다. 욕심을 버리자.

내 마음을 알아주기를
바라지 않는다

우리는 모두 남이다. 그래서 상대의 생각과 마음을 알 수 없다. 특히 내 생각을 '말'로만 전할 때 상대가 내 마음을 들여다보지 못하기 때문에 충분히 오해할 수 있다는 사실을 인지하는 것만으로도 말실수를 줄일 수 있다.

가장 좋은 방법은 쉽고 정확하게 말하는 습관이다. 시어머니에게 '이번 생일에 뭐 사드릴까요? 갖고 싶은 것이 있으시면 말씀하세요'라고 묻는 며느리에게 시어머니는 정확하게 이야기해줘야 한다. '다 필요 없다, 돈 쓰지 마라, 이 나이에 생일은 무슨'이라고 말해놓고 정작 자신이 원하는 선물을 받지 못해 뚱하게 있는 시어머니는 사랑받기 어렵다. '초가을에 입는 얇은 가디건이 하나 있으면 좋겠어. 비둘기색이나 남색으로 무난하게'라고 정확하게 말하는 시어머니는 며느리와 사이가 좋을 수밖에 없다. 자신의 의견을 정확하게 표현하고 오해하지 않게 만드니까 그렇다.

특히 후배들이 말하지 않아도 자신이 마음을 알아주길 바라는 선배들은 점점 소외될 가능성이 높다. 예를 들어, '오늘 저녁 모임 어디서 할까요?' 라고 후배가 물었을 때 '날씨도 꾸물꾸물한데 딱 이런 날씨에 맞춤한 데로 가야지, 이 사람아. 뭘 물어?' 하고 휙 지나가버린다면 후배는 어떤 메뉴라고 생각할까. 곱창전골집을 가야 하나, 차돌박이집을 가야 하나 난감하다. 자신의 마음을 들여다볼 수도 없는데 알아주길 바라는 사람, 쓸데없이 피곤하게 만드는 유형이다.

말은 사람을 표현하는 절대 도구다. 좋은 사람은 좋게 말한다. 말을 저렇게 해서 그렇지 나쁜 사람은 아니야, 라고 변명해줘 봐야 말을 나쁘게 하는 사람은 좋은 관계를 만들기 어렵다. 그래서 말에 꾸준히 관심을 가지고 더 노력해야 한다. 세상을 살면서 관계를 제대로 맺지 못하면 행복감이 옅어지고 피곤해지기 때문이다. 사람들과 뭔가 오해가 쌓이거나 삐걱거린다면 먼저 내 말을 점검하는 습관이 필요하다. 탄탄한 관계를 유지하고 스스로를 예쁜 사람으로 만드는 데 말공부만큼 유익한 일도 없다.

보여주기 위해
애쓰는 마음과 결별하기

지나온 시간을 돌이켜보면 누구나 후회되는 삶의 순간이 있다. 그렇게까지 하지 않아도 되는데 지나치게 열심히 일한 것, 내게 중요한 사람이 아닌데도 그 사람에게 잘 보이기 위해 요란을 떤 것, 체면이나 자존심 때문에 허세를 부린 것. 대략 이런 일들이다. 지금 생각해보면 왜 그랬을까 싶어서 머리를 쥐어뜯게 되지만 그때는 그게 최선이라 믿었다.

유통 분야에서 일했을 때 언제나 매출에 대한 압박감이 있었다. 새로 런칭한 브랜드는 처음이라 신경이 쓰여서, 매출이 안 나오는 브랜드는 대책을 세워야 해서, 마음이 무거워서……. 이래저래 여러 가지 이유로 주말에도 자주 출근했다. 시도 때도 없이 회사에 나갔던 이유는 이것 말고도 또 있었다. 내가 부장으로 있던 시절, 나의 직속 임원이 주말에 회사에서 미팅이 잡혀있다거나 하면 나는 어김없이 출근했다. 매장을 둘러보며 나를 언제 찾을지 모르는 데다 소위 '얼굴 도장'을 찍어놔야 나중에 쓸데없는 트집을 잡히지 않는다고 지레 생각했기 때문이었다. 임원이 되어서도 이런 습관은 바뀌지 않았다. 그룹의 VIP가 주말에 백화점을 방문한다는 정보가 들어오면 담당하는 브랜드의 영업 상태를 챙기고 직원들을 독려했다.

나는 열심히 일하는 바람직한 직원임에는 틀림없는데 문제는 항상 지나치다는 거였다. 직장상사에게 회사 일이 최우선인 사람으로 보이려고 그토록 애썼다. 그래서인지 진급도 잘하고 직장생활은 누구보다 잘했다고 평가받았지만, 아이들에게는 참으로 변변찮은 엄마였다. 지금도 은근히 비난 섞인 투로 '엄마는 주말에 우리랑 안 놀아줬잖아'라고 말한다. 주말에 툭하면 출근하는 엄마 때문에 아빠랑 간단한 음식만 해서 먹고 심심하게 놀았다는 항의다. 진심으로 후회한다.

이뿐만이 아니다. 명색이 대기업 여성 임원인데 좋은 가방을 들어야 하고 명품도 몇 가지 걸쳐야 한다는 압박감도 상당했다. 매달 월급에서 적지 않은 부분이 품위유지비로 들어갔다. 월급쟁이는 그냥 월급쟁이일 뿐인데 비싼 옷을 입지 않으면 누추해 보인다고 나 혼자 착각하고 있었다. 실속이 없었던 셈이다. 연봉이

다른 직장인보다 많았음에도 그다지 모은 돈이 없는 것은 다 그 체면 탓이었다. 이 또한 후회한다.

나를 제외한
모든 이들은 타인이다

남들이 마련해놓은 기준이나 평가에 맞춰 보여주기 위해 애쓰는 마음은 너무 소모적이다. 그래서 나를 헛되이 소모하지 않도록 마음을 훈련하는 것은 인생의 후회를 줄이고, 에너지를 효율적으로 쓰기 위해 중요한 포인트다. 일단 남의 눈을 의식하지 않아야 쓸데없이 애쓰지 않는다. 타인의 시선을 의식하지 않는 방법은 무엇일까. 대표적으로 남들은 의외로 내게 관심이 없다는 사실을 제대로 깨닫는 것이다. 이걸 아는 사람과 모르는 사람은 인간관계 피로도가 확연히 다르다.

예를 들어 어떤 남녀가 사내연애를 했다고 하자. 사귀기 시작할 때는 비밀로 했다. 그런데 데이트를 한답시고 홍대 앞에서 손잡고 돌아다니다가 직장동료에게 들켜버렸다. 금방 들통나고 소문이 쫙 퍼졌는데 아뿔싸, 얼마 못 가 이 남녀는 헤어지고 말았다. 문제는 이때부터다. 회사 사람들의 시선이 신경 쓰이는 거다. 사내커플 중 최단기 연애 기록이다, 뭐다 이야기보따리를 풀기 시작한 동료들은 어머어머 감탄하고 '왜 헤어졌니?', '누가 누굴 찬 거니?' 등등 다들 너무 흥미진진해한다. 그 이후는 어떻게 될까? 뭐 별거 없다. 금방 시들해진다. 남의 일에 대한 관심은 지속성이 없다. 아마 몇 개월 후에는 그들이 사귀었다는 사실조차 잊어버 릴 거다. 그런데 당사자들은 사람들이 여전히 우리의 연애사에 관심이 많을 거라 착각한다. '다들 나를 어떻게 생각할까, 연애하 다 최단기간에 차인 여자라고 생각하는 거 아닐까, 계속 회사는 다닐 수 있나? 옳길까?' 이런 생각을 하다 급기야 옮겨버리는 경 우도 생긴다. 그러나 비극적이게도 나 혼자 북 치고 장구 치는 거 지, 다른 사람들은 아무 관심도 없다.

또 하나의 진실은 나를 제외한 모든 이들이 타인이라는 점이 다. 이 부분을 잘 이해하고 있어야 남에게 뭔가 보여주려고 쓸데 없이 헛힘을 쓰지 않을 수 있다. 고민에 빠져 밤잠을 설칠 때 한 침대 쓰는 배우자는 코 골며 잔다. 우울감이 심하게 몰려와 제일 친한 친구에게 하소연해도 그는 내 심정을 모른다. 속으로는 귀 찮아 할 수도 있다. 나만큼 나를 생각하는 사람도, 나를 잘 아는 사람도 오직 나뿐이다. 뜻밖의 문제가 생겨도 결국 내가 해결해 야 한다.

그래, 어차피 각자도생各自圖生. 모두가 타인이라고 생각하면 나 자신에게 더 집중할 수 있다. 나에게 집중해야 남의 시선에 애 걸복걸하는 마음을 걷어낼 수 있다. SNS를 보면 그 사람의 마음

방향을 알 수 있다. 빌려서라도 명품 사진을 올리며 '기분도 울적해서 쇼핑함'이라는 문구를 달아놓는 사람들은 사실 자기가 자기 기분을 더욱 울적하게 만드는 유형이다. 어떻게 해서든 남들에게 '나는 행복해요, 가진 게 많아요'를 보여주고 싶은 마음이 지나치다 못해 왜곡되니까 당근마켓에 명품 브랜드 쇼핑백이 몇만 원씩에 거래되는 웃지 못할 일이 벌어지는 것이다.

반면에 오늘의 감사, 오늘 꼭 해야 할 일, 나 혼자 미라클 모닝, 이런 주제를 올리는 사람들도 있다. 조회수나 좋아요 갯수는 거의 없다. 그럼에도 그들이 매일 같은 주제로 올리는 이유는 자기 자신과 약속했기 때문이다. 누구에게 보여주고 싶어서가 아니라 SNS를 꾸준히 자신이 성장하는 도구로 쓰는 셈이다. 이렇게 자신에게 집중해야 성장한다. 남들에게 뭔가 보여주려고 기를 쓰는 마음은 나를 점점 뒤처지게 만든다.

JTBC 드라마 〈이태원 클라쓰〉를 보면 주인공 박새로이는 네가 너인 것에 다른 사람을 납득시킬 필요 없다고 말한다. 어차피 타인인 그들에게 당신이 당신인 것을 납득시키려 애쓰지 마라. 더 이상 그들에게 나를 증명하고 설득하느라 힘들어하지 말자. 내가 나인 것, 더 좋아질 나에 집중하고 박수치고, 응원하는 일상이 나를 더 가치 있게 만든다. 주인공이 행인 1, 행인 2를 의식하느라 대본에 집중하지 않는다면 어떻게 될까? 대사를 멈추고 그들의 눈길을 끌기 위해 갑자기 옷을 바꿔 입거나 일부러 더 과장해서 행동한다면 그 무대는 박수받지 못할 것이다. 인생도 마찬가지다. 내 인생의 주인공은 누가 뭐래도 나 한 사람이다. 그래서 이 무대에서 스포트라이트는 내게 비춰져있다. 그 사실을 잊으면 안 된다. 내 인생 무대에 등장하는 수많은 사람들에게 뭔가 보여주겠다고 신경 쓰느라 주인공 역할을 소홀히 하지 말자. 내 인생이라는 드라마를 성공으로 이끌고 싶다면 말이다.

3장

가을, 마지막까지
성장할 각오로 살아라

성공한 사람들은 단지

성공하는 습관을 가진 사람들일 뿐이다.

- 브라이언 트레이시

틀 밖에서 노는
어른이 되는 법

'아니, 참. 기가 막혀서. 60년대생은 왜 신청도 못 하게 하는 건데?'

SNS를 둘러보다가 발견한 피부과 광고에서 팔자주름이 노안의 원흉이라며 주름을 싹 다려서 감쪽같이 없애주겠다고 호언장담이다. 그걸 증명하겠다고 임상시험 지원자들을 무료로 모집하겠단다. 그 이야기에 솔깃해져 신청 버튼을 꾹 누르니 어처구니없는 안내 문구가 튀어나왔다.

'70년대생만 신청 가능' 웬만해서 평정심을 유지하는 60년대생인 나를(심지어 69년생) 허탈하게 만들기에 충분한 문구였다. 미용 분야의 전문가인 지인에게 이 얘기를 했더니 "오십대는 임상시험을 해봐야 효과가 별로 없어"라며 시큰둥하게 대답할 뿐이다. 태어나서 처음으로 나이에 관한 장벽을 마주했는데 그 주제가 팔자주름 임상시험 지원이라니……. 참 맥도 빠지고 모양도 빠진다.

하지만 이 사건은 내 나이에 대한 주제 파악이 전혀 안 된 나로서는 꽤 충격적인 사건이었다. 그날 이후로는 거울도 자주 보고, 팩도 자주 한다.

내 나이를 실감하는 순간은 사람마다 다 다르다. 누구는 밤새워 일하거나 놀아도 끄떡없던 체력이 형편없어졌다는 걸 느낄 때일 수도 있고, 또 누구는 계절의 변화에도 도통 감흥 없이 시큰둥해질 때일 수도 있다. 그중 또 하나는 내 관심사가 변했다는 걸 깨달을 때다. 나이가 들수록 친구들을 만나면 이야깃거리가 점점 달라진다. 삼사십대에는 자녀 진학문제로 한숨을 쉬며 정보를 나누느라 정신없이 바빴다. 부모 속을 새까맣게 썩이는 의무를 완벽히 이행하는 사춘기 애들 때문에 눈물 콧물을 짜며 내 팔자야, 가슴을 퍽퍽 치는 때도 있었다.

그러나 오십대인 지금, 다들 모였다 하면 본인 아픈 거 자랑하기 바쁘다. 도가니가 어떻고, 허리가 어떻고, 말하는 중간중간 눈이 침침하다며 인공눈물을 주르륵 넣는다. 안경은 써도 안 보이고, 안 써도 안 보인다며 투덜댄다.

"야, 나이를 먹긴 먹나 보다. 우리 몇 년 전만 해도 아프다는 타령은 안 했잖아"라고 말은 해도 "그래서 우리가 올해 몇 살이지?"라고 되물으면 대부분 잘 모른다. 오십까지는 세고 있었는데 둘, 셋 넘어가기 시작하니 자신의 나이를 잊어버리는 것이다. 더군다나 나라에서 나이조차 만으로 바꾸다 보니 이거 참, 두 살을 빼야 하나, 한 살을 빼야 하나 헷갈리고 할 일 없는 논쟁만 치열해질 뿐이다.

나도 나이를 잊고 사는 사람이었다. 세월이 빠르게 흘러가는 걸 느끼면서도 여전히 내 나이를 실감하지 못했다. 어느 날은 교회 모임에 갔는데, 사십대 집사가 이런 질문을 했다.

"선생님은 아직도 꿈이 있으신가요?"

나는 질문에 생략된 말이 있다는 걸 단번에 알아차리고, 내 안에서 질문을 재정립했다.

"선생님은 '그 나이에 아직도' 꿈이 있으신가요?"

주위를 둘러보니 69년생인 내가 그 모임에서 최고령자였다. 그래도 그렇지, 아직도 꿈이 있냐니.

"당연하죠. 지금이 한창이지 않아요? 이제 시작이죠!"

당차게 말했지만 그들은 그저 어색하게 까르르 웃기만 할 뿐이었다. 내 마음은 조금 씁쓸해졌다.

'이렇게' 살아야 한다는
프레임에서 벗어나라

'어떻게 살 것인가?' 이는 인생을 살아가는 우리가 평생 짊어지고 가야 하는 질문이다. 이 질문에 답을 하기 위해 사람들은 끊임없이 고민하고, 책을 읽고, 강의를 듣고, 여행을 떠난다. 나 역시 이 질문에 대해 나만의 답을 내리기 위해 치열하게 고민했다. 내가 생각하는 정답 중 하나는 '나이'라는 틀을 깨는 것이다. 나이라는 틀에 자꾸 갇히는 이유는 나만의 인생 속도가 아니라 타인의 인생 속도를 기준으로 삼기 때문이다. 노골적으로 따라가지 않더라도 아닌 척하면서 자꾸 곁눈질하고 의식하는 것도 역시 틀에 갇히는 자충수다.

후배 J는 오십이 되던 해 결혼했다. 막내딸이 시집을 안 간다고 온 집안 식구들 걱정이 이만저만 아니었던 참이다. 다른 자식들은 명절마다 자기 자식 하나씩 업고 요란스럽게 집에 오는데 막내딸 혼자 적막강산이라 시름이 깊어가고 급기야 이번 생에는 짝이 없나 보다, 어머니조차 포기할 무렵이었다. 그때 J가 사는 아파트 앞 상가에서 코인노래방을 운영하는 지금의 남편을 만났다.

J는 회사에서 팀장으로 온갖 스트레스 때문에 다크서클이 허리까지 내려올(그녀의 표현대로라면) 지경이었다. 어딘가에 대고 고함이라도 쳐야 미치지 않을 듯해 사흘 연속 코인노래방에서 목이

쉴 때까지 소리를 질러댔다고 한다. 그런 J를 인상 깊게 본 코인 노래방 사장이(참, 이 사람 취향도 특이하긴 하다!) 그녀에게 말을 걸기 시작한 것이다. 그날 이후 3개월 만에 J는 그와 결혼했다.

더욱 놀라운 건 허니문 베이비가 태어났다는 사실이다. 인구 절벽의 시대, 얼떨결에 나이 오십 넘어 나라에 충성하고, 부모에 효도하는 모범 신혼부부가 된 셈이다. 분유 타는 남편이 간을 맞추느라 눈금을 봐야 할 때 돋보기를 썼다 벗었다 하는 게 다소 불편할 뿐, 이들의 육아는 이삼십대와 별반 다르지 않다. 오히려 아이를 위해서 더 건강하게 살아야 한다는 미션이 주어졌기에 아이를 교대로 보며 부부가 매일 10킬로미터씩 뛴다고 한다. 이 부부는 남들에 비해 늦게 결혼해서 늦게 부모가 되고 그에 맞춰 뒤늦게 신혼의 즐거움과 부모가 된 기쁨을 누리고 있다. 이것이 이들만의 인생 속도인 셈이다.

미국 전 대통령 버락 오바마는 55세의 나이에 퇴임했다. 반면에 도널드 트럼프는 70세에 대통령이 되었다. 누구는 이십대에 탁월한 장사수완을 발휘해 100억 매출을 올리는 회사 CEO가 되기도 하고, 또 누구는 은퇴 후 자녀보다 어린 학생들과 함께 대학 진학을 준비한다. 모두가 자기만의 속도로 자기만의 인생을 산다.

비교하지 않아야
틀 밖에서 놀 수 있다

또 다른 후배 O는 법대 출신이다. 서울대를 졸업한 그가 입사했을 때 나를 포함한 많은 사람들은 똑같은 질문을 던졌다. 왜 사법고시를 보지 않느냐는 것이었다. 친구들이 사시를 준비해서 합격하고 판사로 검사로 임용되어 갈 때 그는 회사 마케팅팀에서 일했다. 워낙 머리가 좋은 친구라 그런지 회사에서 최연소 임원으로 승진했다. 역시, 라는 감탄사와 함께 사람들의 축하를 받는 것도 잠깐, 그는 2년 만에 회사를 그만두고 생뚱맞게 한약학을 공부해서 현재는 미국에서 한약사로 일하며 즐겁게 산다. 그는 애초에 사법고시는 볼 생각이 없었고, 마케팅을 하고 싶었으며, 임원으로 밤낮없이 일하기보다는 느리게 살고 싶어서 직업을 바꿔 이민을 왔노라고 활짝 웃으며 얘기한다. 물론 O처럼 100퍼센트 타인과의 비교에서 벗어나 자유롭게 사는 건 쉽지 않다. 그러나 그렇게 살고자 하는 노력이 스스로를 틀에 가두지 않을 수 있다.

틀 밖으로 나오면 비로소 꿈을 꿀 수 있는 자유가 주어진다. 나이와 관계없이 꿈은 왜 필요할까? 영국의 낭만주의 시인이자 화가인 윌리엄 블레이크는 '인생에 연장전은 없다. 전반전에서 승부를 내든 후반전에서 승부를 내든, 반드시 승부를 내야 한다' 라고 말했다. 유명한 사람들의 좋은 글귀를 자주 접하지만, 이 문장처럼 내게 확 꽂히는 경우는 매우 드물다. 오십대라면 누구나 공감할 만하다.

백세시대에 오십대는 이제 후반전을 막 시작한 세대다. 꿈이라는 것은 각자의 소원, 희망, 목표라고 할 수 있는데 만약 이것이 없다면 내 인생의 경기는 어떻게 될까? 인생을 축구경기라고 했을 때 꿈이라는 골대가 없다면 어디로 공을 차 넣어야 한단 말인가. 그래서 경기가 끝날 때까지 각자의 꿈과 목표는 항상 선명해야 한다. 그래야 골을 넣을 수 있고 인생이라는 경기를 승리로 이끌 수 있다.

오십대라면 경기 후반을 알리는 휘슬을 이제 막 심판이 불었다고 생각하자. 전반전에 경기가 엉망이었대도 괜찮다. 인생이라는 경기의 묘미는 실제 스포츠 경기처럼 역전의 기회가 많다는 데 있다. 인생 속도가 각자 달라서 그렇다. 자기 자신을 보자. 내 속도를 느끼자. 나는 뒷심이 강한 사람이라고 생각하자. 그리고 그건 분명히 맞는 말이다. 오늘, 내일 내 인생에서 무슨 일이 일어날지 기대하며 선명한 꿈을 쥐고 있지 않다면 세월이 갈수록 후회만 늘어난다.

후회하지 않는 법이 궁금한가? 지금 바로 꿈을 꾸는 것이다.

평균의 함정에서
벗어나라

한 직장을 오래 다녀서 그런지 20년 이상 알고 지낸 선후배들이 많다. 동고동락하며 치열하게 중년의 강을 함께 건너가고 있는 사람들. 회사 다닐 때는 다 고만고만한 직급이라 도토리 키 재기라고 생각했다. 사원, 대리를 거쳐 과장이 되어 치고받고 고생하다 차장으로, 부장으로 진급하는 게 당연하다고 여겼다. 엇비슷한 대학 졸업장에 상사에게 욕먹기는 너나 나나 매한가지고, 대출에, 애들 키우며 카드 할부금에 허리가 휜다며 월급이 빛의 속도로 스쳐 지나간다고 자조 섞인 농담하던 우리들. 소주잔을 기울이던 선배가 '애들 공부하라고 닦달하지 마라, 공부 잘하면 다 우리같이 된다'라는 농담에 와하하 웃음을 터뜨리던 우리에게는 철석같은 믿음이 있었다. 우리는 모두 다 거기서 거기, 비슷한 사람이라고 말이다.

철석같은 믿음이 틀렸다는 건 동료들이 하나둘씩 퇴사하고 난 이후에 적나라하게 밝혀졌다. 회사에서는 한참 잘나가던 전도유망한 선배가 퇴사 후에는 이렇다 할 일 없이 소소한 실패를 거듭하며 '경기가 안 좋아서'라는 말로 하나마나한 탓을 하는 경우가 있는가 하면, '저 사람이 저렇게 유능했어?'라는 말이 절로 나올 정도로 퇴사 이후에 능력을 발휘해서 10년 만에 매출 몇백 억대의 중소기업 대표가 된 동료도 있다. 현직에 있을 때는 대한민국의 경제 구도는 물론이고 글로벌 경기 흐름이 내 손에 있소이다, 자신감을 보여주던 후배가 퇴사하자마자 열정 하나로 뛰어든 5평짜리 테이크아웃 커피숍을 어쩌지 못해 쩔쩔매는 모습도 봤다.

왜 그럴까? 우리에게는 자신이 속한 조직에서 무엇을 하든, 누구와 비교하든 평균 이상이라는 믿음이 있다. 누가 얘기해주지 않아도 그렇게 생각한다. 조직 안에서 열등감을 느끼는 것과는 또 다른 맥락이다. 예를 들어 부하직원이 보고서를 가지고 오면 결재하는 직장상사는 자신이 부하직원보다 수준 이상이라 생각한다. 왜? 내가 그의 의견에 토를 달고 해라 마라, 결정하고 있어서? 그러나 착각이다. 그 직장상사에게 '지금 바로 솔루션을 찾아라'라고 하면 부하직원보다 형편없는 결과물을 내놓을 수도 있다.

우리의 모든 문제는 내가 이 조직 안에서 중간은 간다는 근거 없는 믿음에서 시작한다. 더 중요한 건 '나는 중간은 간다', '오히려 중간 이상이다'라고 착각하는 동안 주제 파악을 할 줄 아는 똑똑한 동료는 자기만의 돌파구를 찾기 위해 노력하고 있다는 것이다. 나라는 사람이 이 조직 안에서 수준 미달일 수도 있다는 사실을 인지하고 있어야 한다. 1인분의 인간이 아니라 0.8인분, 아니 0.5인분의 인간일 수도 있다는 거다. 모든 진실은 먼 훗날 밝혀진다. 조직을 떠나 자체적으로 얼마나 생존할 수 있는가, 어떤 방식으로 살아남느냐가 결과를 말해주는 거다.

언젠가는 나와야 할 조직, 퇴사 이후에도 잘 살아가려면 지금 속해있는 커뮤니티에서 평균 이상이라 착각하며 묻어가서는 안 된다. 고등학교 때까지만 해도 1등부터 꼴등까지 쭉 줄을 세워놓으니 착각하기가 어렵다. 그러나 지금 속해있는 일터, 사는 동네, 여러 이름으로 엮여있는 커뮤니티에서는 보다 냉정해질 필요가 있다. 착각에서 서둘러 벗어나야 후회하지 않을 수 있다. 이 사실을 알고 있는 것만으로도 많은 걸 손에 쥐고 있는 셈이다.

그렇다면 어떻게 해야 공동체 안에서 평균 이상이라고 착각하지 않을 수 있을까? 평균을 넘어 진정 경쟁력 있는 사람으로 나를 관리할 방법에는 무엇이 있을까?

첫 번째, 정면돌파로
승부를 보라

도박하는 사람, 감당하기 어려운 수준으로 빚내서 주식하고, 코인에 올인하는 사람. 이들의 공통점은 모두 인생 한 방을 원한다는 것이다. 이런 사람들은 극복해야 할 문제와 마주했을 때 회피하거나 합리화하는 특성을 가지고 있다. 삶을 살아가면서 어려움이 닥쳤을 내 어떻게 대처하는지 한번 생각해보자. 누군가는 주식을 사면 갑자기 오르고 비트코인으로 얼마를 벌었다고 한다. 주식을 가르치는 학원도 많다. 본질적으로 주식을 공부하는 것은 좋은 일이다. 그러나 인생 한 방에 현혹되면 안 된다. 그렇게 쉽고 빠르게 돈을 버는 방법은 없다.

성공하고 싶다면 성공한 사람들의 습관과 태도를 내 능력껏 벤치마킹하고 하루하루 성실하게 살아나가야 한다. 거저 쉽게 되는 건 없다는 뜻이다. 쉽고 빠른 길은 없다는 원칙이 있으면 어려움이 있을 때 정면 돌파를 선택하게 된다. 그럼 정면 돌파는 어떻게 하는 것일까?

일단, 문제를 쪼개고 그중 애매한 건 명확하게 객관화시킨다. 그 후 냉정하게 객관적으로 결과를 어떻게 받아들일 것인지 생각해보면 해결방법이 나온다.

예를 들어보자. 회사가 매출 급감 때문에 어려움에 처해서 인원을 축소한다는 결정을 내렸다. 소문은 금방 돌았다. 이미 사세가 기울고 있고 다들 불안해하며 온통 신경을 곤두세우고 있으니 당연한 결과였다. 이럴 때 직원들은 여러 유형으로 나뉜다. '설마 나는 아닐 거야. 지금 나가서 다른 걸 뭘 해? 난 못 나가' 현실을 외면하는 사람이 있다. 그야말로 회피형이다. 이에 반해 정면 돌파형은 문제를 일단 쪼갠다. '내가 나이도 많고 직급도 높으니 퇴사를 권유받을 확률이 높겠군' 하고 상황을 인정한다. 다음으로 시기가 언제가 될지, 어떤 방법으로 퇴직자를 결정하는지 대표한테 정중하게 물어본다. 결코 피해 다니지 않는다. 그리고 자신의 현재 조건을 냉정하게 따져본다. 창업한다면 투자할 여력은 얼마나 있는지, 내 적성은 무엇인지를 고려해 플랜 A, B를 만든다. 플랜에 따른 장단점을 분석하고 단기계획과 중기계획을 차근차근 수립해나간다.

자, 당신은 어떤 유형인가? 피할 것인가, 마주할 것인가?

두 번째, 위기를 알아채는 힘을 기른다

위기임에도 불구하고 위기인 줄 모르는 사람들이 대부분이다. 그것보다 더 큰 위기는 위기인 줄 알면서 아무것도 하지 않는 거다. 지금이 위기인가 아닌가 한번 생각해보자. 사람마다 위기의 기준이 다르기는 하다.

　종종 '정상에 오르는 그때 악마가 찾아온다'라는 말을 떠올린다. 우리는 무명의 시간을 견딘 끝에 스타덤에 오른 유명인이 구설수에 휘말리는 걸 자주 본다. 평소 그의 행실을 곱지 않은 시선으로 보던 사람이 나서서 폭로한다거나 범죄 기록이 밝혀진다거나 이유는 다양하다. 여기에서도 배울 점이 있다. 우리도 마찬가지다. 일이 잘 풀리고, 잘되기 시작할 때 위기인 줄 알아야 한다. 진급도 빨리 되고, 장사도 잘되고, 막힘 없이 술술 나아갈 때 '아, 위기구나' 깨닫고 낮게 엎드리는 마음이 중요하다. '이렇게 잘될 리가 없다, 어디를 점검해야 하지?' 고민해야 한다. 말 한마디, 행동 하나를 조심하는 노력이 위기를 알아채는 힘을 기르게 돕는다.

　일터에서 혹은 또 다른 일상에서 우리는 종종 함정에 빠진다. 유능한 동료를 보며 나도 저 수준이라 여기고 대충 조직에 업혀 간다. 그러나 남들은 내가 더 노력해야 생존할 수 있다는 사실을 알고 있다. 그들은 리더인 나를 보고 저 수준이면 얼마 못 간다고 냉정하게 판단하고 있을 수도 있다. 그러나 내게 말해주지는 않는다. 그래서 어떤 순간이든 경쟁력을 키우기 위해 끊임없이 노력해야 한다. 그 노력은 남들은 다 아는데 나만 모른 채 착각하며 살지 않게 돕는다. 그래야 뒤통수 맞지 않는다. 그것도 인생을 살면서 중요한 재능이다. 이제 그 재능이 필요한 시기다.

나라는 사람의
품격을 높이는 법

'내 코가 석 자'라는 말이 있다. 자기 처지가 대단히 곤궁해서 남을 돌볼 여유가 없다는 뜻이다. 이 말을 습관처럼 쓰고 있다면 성품이 대단히 인색하거나, 또는 너무나 유약해서 나 하나 건사하기 힘든 유형이기 쉽다. 재미있는 포인트는 이런 류의 말은 쓰는 사람만 계속 쓰고, 안 쓰는 사람은 평생 안 쓴다는 것이다. 이런 말을 절대 안 쓰는 사람들은 어떤 사람일까? 나는 그들을 강한 사람이라 부른다.

'강하다'라는 말의 의미는 시대에 따라 달라진다. 말과 행동을 거칠게 하거나, 자기표현을 세게 하거나 남에게 위압감을 주는 사람을 강하다고 여기던 시절이 있었다. 그러나 지금은 다르다. 자기표현을 정확히 하는 것은 물론이거니와, 사람이 여유 있고 넉넉하다는 품성이 전제되어야 제대로 강한 사람 대접을 받는다. 그릇이 넉넉해서 남들을 언제든 두루 품을 수 있는 사람은 내 코가 석 자라는 표현이 필요 없다. 특히 편견이 없다는 게 특징이다. 유연한 생각에서 나온 말과 행동은 편견이나 고정관념이 없다. 여유 있는 사람으로, 자신의 품을 키우려면 편견을 없애야 한다. 편견은 우리의 가장 큰 벽이다. 내가 가진 편견이 무엇인지 자주 점검하며 깨부수려는 노력이 나를 진짜 강한 사람으로 만드는 비결이다.

어느 유명 브랜드의 캠페인 영상에서 나온 이야기다. 영상은 카메라 앞에 서 있는 성인 모델을 향해 감독이 요청사항을 던지는 것으로 시작한다.

"여자답게 뛰는 모습을 보여주세요."

첫 번째 모델은 부끄럽다는 듯 미소를 장착한 채 두 팔을 겨드랑이에 붙이고 귀엽게 흔들며 뛰기 시작했다. 두 번째 모델은 자신의 헤어스타일이 흐트러지지 않게 매만져가며 살살 뛰었다. 세 번째 모델 역시 마찬가지였다. 애교 섞인 표정을 최대한 어필하며 순정만화 속 여주인공을 최대한 흉내 내는 듯 '예쁘게' 뛰기 바빴다.

이후 장면은 바뀌고 여자 어린이 모델들이 등장했다. 감독은

같은 사항을 요청했다. 다만, 어린이 모델들은 하나 같이 다 성인 모델들과 전혀 다른 양상을 보였다. 여자답게, 씩씩하게, 전속력으로 달리는 모습을 보여주었다. '여자답게 던져보세요'라는 요청에는 입술을 앙다물고 올림픽에 나간 선수처럼 힘껏 공을 던졌고, '여자답게 싸워 보세요'라는 주문에는 원, 투 스트레이트를 과감하게 날렸다. 촬영 후에 감독은 "여자답게 달리라고 했을 때 어떤 의미로 들렸나요?"라고 질문했다. 그러자 한 어린이 모델은 "최대한 빨리 뛰라는 의미로 받아들였다"라고 대답했다.

영상을 다 본 내 얼굴에는 저절로 미소가 떠올랐다. 최대한 빨리 뛰라는 의미로 받아들였다는 어린이 모델은 아름다웠다. 이 어린이들이 성인이 되면 '여자답게'의 의미가 어떻게 변할까? 앞서 편견 가득한 이야기를 한 성인 모델들과 비슷해질까 봐 벌써부터 걱정된다. 우리는 이인삼각 경기를 하는 것처럼 똑같이 발맞춰가는 과정에 집착하는 게 아닐까. 남에게 크게 피해를 끼치거나, 공동체를 와해할 만한 일이 아니라면 굳이 맞추지 않아도 되는데 자발적으로 타인의 기준과 시선을 따라서 나의 생각과 기준, 가치관을 뭉텅 자르거나 이어붙이며 새로 재정립하는 일을 서슴지 않는다. 기준은 언제나 내가 아니라 타인이다. 씁쓸한 현실이다.

그깟 편견보다
우위에 서라

지금까지도 많은 사람들이 여자다움을 귀엽고, 사랑스럽고, 얌전하고, 애교가 많다는 의미로 착각한다. 이 역시 이러한 요소가 보편적인 대중들의 기준이라고 생각하기 때문이다. 그뿐인가. 최소한 대학은 나와야 한다는 근거 없는 원칙, 남들 보기에 버젓한 회사에 들어가 사원증을 목에 건 채 커피를 손에 들고 오피스 거리를 걸어 다녀야 부끄럽지 않다는 기준은 대체 누가 만들었냐는 말이다. 서른이 넘어가는 자녀를 보고 결혼 타령을 하는 부모, 인구절벽이라는 상황에서 아이를 낳지 않겠다는 젊은 부부를 '이기적인 요즘 것들'이라고 흘겨보는 시선, 이 모든 기준들이 사람들을 피곤하게 만들고 질기게 붙들고 있다.

편견에 사로잡히지 않기 위해서는 무엇이 편견인지 확인하고 그것이 편견이었구나, 알아차리는 것이 중요하다. 그런 깨달음이 자꾸 쌓이고 쌓여야 편견의 벽은 부수면서 또 다른 편견이 쌓이지 않게 할 수 있기 때문이다.

지나간 시간을 가만히 복기해보면 내가 얼마나 편견 덩어리였는지 알 수 있다. 그 편견으로 인해 쓸데없이 길을 헤매고 에너지를 낭비했다. 직장생활을 하며 만난 큰 장벽은 '여자'에 대한 편견이었다. 지금과는 달리 여자를 리더로 세우는 일에 말할 수 없는 편견이 팽배했던 그 시절. 나는 그 편견보다 우위에 서기 위해 전력으로 달렸다. 여기서 나의 패착은 실력을 보여주는 것만 했어야 하는데, 한술 더 떠서 남자처럼 보이기 위해 애를 썼다는 점이다.

예전 직장에서 일본 바이어들이 방문했을 때 그들은 한국 측 리더가 여자라서 실망한 눈치가 역력했다. 그들의 편견이야 남의 나라 사람들이니 그러려니 무시하고 넘어갔으면 좋았을걸 쓸데없이 그들의 기준에 맞추느라 마음이 분주했다. 나를 제외하고는 다 남자인 우리 회사 직원들에게 마초처럼 세게 말하고 윽박지르듯 지시했다. 바이어들과의 술자리에서는 오늘 잘 걸렸네, 라는 심정으로 폭탄주를 돌렸다. 더 이상 마시기를 꺼리는 그들에게 한국에서는 술 못 마시는 사람과는 진정한 친구가 될 수 없다는 식의 말도 안 되는 얘기로 그들을 놀려댔다. 그때는 그게 최선이라고 여겼다. 난 이것까지 할 수 있다는 은근한 자부심도 있었다. 그래 봐야 나만 골병드는 노릇인 줄 몰랐던 셈이다. 더 부끄러운 건 나도 그들의 편견에 따라갔다는 거다. 아무도 뭐라고 안 했는데 나 혼자 북 치고 장구 친 꼴이었다.

편견에 맞서 싸운다는 것, 편견을 극복한다는 것은 세상의 편견에 나를 맞추는 것이 아니라 그보다 우위에 서도록 자신을 강하게 만드는 데 있다. 억울하다거나 불합리하다고 투덜거리며 은

근슬쩍 그 편견에 나를 꿰맞추는 것이 아니라 자신의 실력부터 갖추며 여유롭게 'NO'라고 말할 수 있어야 당신 앞에 놓인 편견이 맥을 못 춘다. 세상을 살면서 좀 더 강해지고 싶다, 강한 사람으로 잘 해내고 싶다고 생각한다면 여기에 집중하자. 나 자신을 옭아매고 있는 편견이 무엇인지 찾아내고, 그게 하찮은 편견임을 증명하는 게임을 이제 시작해볼 때다.

나답게 사는 순간, 비로소 어른이 되었다

인생에는
리셋 버튼이 없다

유튜브를 시작하고, 영상 촬영을 하면서 참 좋다고 느낀 게 있다. 내 마음에 들지 않으면 처음부터 영상을 다시 찍을 수 있다는 거다. 내키지 않는 부분이 있다면 그 부분만 다시 찍고 편집해서 이어 붙여도 된다.

인생도 그렇게 된다면 얼마나 가벼울까? 사람을 만나서 시간 쓰고, 돈 쓰고, 멘탈까지 탈탈 털려서 유독 힘든 날 가장 많이 하는 생각이다. 그런 얘기는 왜 했을까? 그 사람이 그따위로 무시할 때 왜 반박하지 못했을까? 그때로 돌아가서 다시 말하고 싹둑 잘라 시원하게 편집할 수 있다면 얼마나 개운한 인생이 될까?

그러나 인생에는 리셋 버튼이 없다. 시간을 돌려서 다시 살 수도 없고, 편집도 불가능하다. 그래서 후회해도 소용없는 일은 후회하지 말고, 아예 처음부터 후회할 일을 만들지 않는 게 낫다. 말처럼 쉽지는 않겠지만 이럴 때는 후회 없이 사는 나만의 원칙을 세워두는 것이 확실히 도움이 된다.

첫 번째, 열심히 하되
집착하지 않는다

나는 유튜브에 영상을 거의 매일 올린다. 주변 지인이나 구독자들은 이 루틴에 놀란다. 어떻게 몇 년을 한결같이 저녁 9시에 영상을 올릴 수 있느냐고, 너무 강박적인 성격 아니냐고 놀림을 받기도 한다. 누군가는 유튜브에 지나치게 집착하지 말라며 걱정 어린 이야기도 하지만 의외로 나는 유튜브에 집착하지 않는다. 그저 열심히 할 뿐이다. 유튜브를 하는 목적이 명확하기에 그럴 수 있다. 유튜브 자체의 성장도 물론 중요하지만 이보다 더 큰 목적이 있다. 나 자신의 성장이다.

나는 강의를 늦게 시작한 편이다. 처음 책을 내고 기업 강의를 하겠다고 결심했을 때 유명한 전업 강사들을 분석했다. 일단 그들은 강의 경력만 수십 년이다. 그야말로 일타 강사들이다. 그들을 따라잡을 방법은 그들만큼 강의 내공을 쌓는 것인데 기업 강연은 하고 싶다고 해도 매일 할 수 있는 일이 아니었다. 그래서 자체적인 강의력, 그야말로 업력을 만드는 데 집중했다. 퀄리티도 양을 채워야 따질 수 있는 분야다. 좋은 강의를 하기 위해서 기본적으로 양을 채워야 한다는 생각에 매일 카메라 앞에서 강의하고 업로드를 진행했다. 최대한 빠른 시간 안에 유명 강사들과 어깨를 겨룰 만한 강연가가 되기 위해서는 물리적으로라도 비슷한 시간을 투자하는 방법이 지름길이라는 판단에서였다. 늦게 시작했으니 양으로 승부를 보자는 마음으로 매일매일 부지런히 달렸다. 지난 5년 동안 기획, 촬영, 편집을 오롯이 혼자 진행하며 1,600여 개의 영상을 올렸다.

열심히 할 뿐 집착하지 않는다는 건 결과에 연연하지 않는다는 의미이기도 하다. 결과가 늘 좋을 수는 없다. 채널이 성장을 멈추는가 싶은 순간도 온다. 예전에 한 번 채널이 해킹을 당해 한동안 엉망진창인 적도 있었다. 날벼락 같은 일이었다. 그러나 그저 묵묵히 열심히 할 뿐 조회수나, 성장 속도에 집착하지 않았다. 집착하는 일은 결국 나를 실패하게 만드는 무서운 태도이다. 과도한 승부욕은 스트레스를 피할 수 없게 만들 뿐더러 결과도 좋지 않다.

유튜브뿐이겠는가, 세상만사가 다 그렇다. 진급이 안 됐다고 해도 이 상황 앞에서의 태도가 제일 중요하다. '안 될 수도 있지, 자존심 상하고 억울하긴 하지만 이런 경험이 꼭 나쁘기만 한 일은 아닐 것'이라고 마음먹어야 한다. 묵묵히 하던 대로 하자. 흔들리지 않아야 기회가 다시 온다.

두 번째, 언제나
방법은 있다

워낙 남 참견하기 좋아하는 친구 B는 오지랖의 여왕이라 불린다. 한번은 고등학교 교사인 친구 X의 남편이 느닷없이 명예퇴직하고 1년 동안 전국투어를 할 거라 선언했다. 심란해진 X가 눈물을 찍어내며 내 팔자야, 하며 남편의 이기심에 분노하고 있었다.

"말이 되냐? 나는 안 힘들고 자기만 힘든가? 학교를 때려치워도 내가 그만둬야지, 왜 선수를 치냐고? 그리고 이 좁아터진 나라에서 1년 동안 전국투어 다닐 데가 어디 있냐? 다 놀자는 핑계지. 평생 당하고 산다, 내가."

심지어 친구 남편은 트럭을 개조해 전국을 돌겠단다. 폼 나는 캠핑카도 많던데 왜 하필 트럭이냐며 궁상도 어지간하다는 둥, 스타일이 원래부터 촌스럽다는 둥 하소연하던 차에 드디어 B가 한소리 했다.

"평생 일하고 이제 환갑이 낼 모렌데 좀 일찍 퇴직하면 어떠냐? 부부 사이에 그러는 거 아니다. 인생 뭐 있냐. 살고 싶은 대로 살아보게 내버려 둬."

B는 오지랖의 여왕답게 말로만 조언하지 않고, 실제로 대한민국 구석구석 숨겨진 관광지를 X와 함께 조사에 나섰다. 남편에 대한 서운함으로 마음이 상한 X가 B와 함께 비록 랜선이지만 생전 처음 듣는 지명의 아름다운 시골 마을을 둘러보았다. 나름 이 상황에서 최선이 무엇인지 방법을 찾고 싶었던 것이다. 그리고 X에게도 계획 하나가 세워졌다.

"인생 뭐 있나 싶더라고. 연금에, 퇴직금도 나오겠다, 전국투어 못할 건 또 뭐가 싶어. 대신 트럭 말고 캠핑카를 사기로 했어. 나도 주말이나 방학 때 같이 다니려고. 가만 보면 방법은 있더라."

원래 X는 글쓰기를 좋아하고 언젠가는 작가가 되고 싶어 했다. 인터넷으로 둘러본 대한민국은 경이로웠다. 신비할 정도로 아름다운 계곡과 숲, 작은 마을, 자연과 어우러져 예술적 취향이 더욱 돋보이는 시골의 작은 도서관……. X는 이 모든 것을 기록으로 남기는 여행작가를 꿈꾸기 시작한 거다. 인생 2막이 펼쳐지려는 순간이었다.

"남편의 퇴직 선언과 그 이후 행보에 대해 객관적으로 바라보기 시작하니 문득 내 계획도 보이는 거야. 왜 그 생각을 못 했을까? 무릎을 탁! 치게 되더라니까. 남편이 본격적으로 여행을 시작하면 나 역시 이게 과연 퇴직 후 즐겁게 할 수 있는 일인지 테스트

해볼 수 있게 되었어. 정말 굿 찬스야!"

이기적인 남편 때문에 눈물 콧물 짜던 X는 어디 가고 새로운 계획으로 기대에 찬 그녀만 남아있다.

때로는 나의 일이라고 할지라도 남의 일 보듯이 차분함과 냉정함을 유지해야 할 필요가 있다. 이해가 가지 않는 상황에서도 차분함과 냉정함을 유지하며 유연하게 사고할 수 있어야 방법이 나온다. 어려운 문제가 닥쳤다면 한 발 떨어져서 가볍게 상황을 바라보자. 이런 사람이 유능한 사람이다. 방법은 언제나 있다는 걸 기억하자. 문제가 생기면 그때 해결하면 된다.

배우자가 퇴직한다고 당장 큰일 나지 않는다. 큰일 날 게 분명하다면 그만두지 않겠지. 사람이 양심이 있다면 말이다. 그러니 문제가 생기기 전에는 문제가 없는 거다. 퇴직하면 당장 길거리에 나앉으면 어쩌나, 퇴직 후 시작한 사업이 망하면 어쩌나 등등 문제가 생길까 봐 미리 걱정해서 근심에 지치면 초장에 나가 떨어진다.

우리의 최선은 근심, 걱정을 최대한 하지 않는 일이다. 문제가 생기면 그때 해결하면 된다고 강제로라도 나 자신을 설득해보는 것도 좋은 방법이다.

오늘 하루 별일 없이 지나가는 것이 축복이라는 걸 기억해야 한다. 거기에 이따금 좋은 일이 생기면 그건 모두 다 덤이다. 오랜

만에 친구가 안부를 물어오는 일, 우연히 들린 마트에서 마침 사려고 했던 세제류에 원플러스원 행사를 하고 있다면 서프라이즈, 기쁜 일이다. 건강을 잃어본 사람들은 건강을 되찾은 것만으로도 감사한 인생을 살기 마련이다. 아침에 아프지 않게 눈을 뜰 수 있다는 것, 매순간 죽음의 공포에 시달리지 않는다는 것, 누군가의 도움 없이도 걷고 먹고, 일상을 살아낼 수 있다는 것.

내가 민약 그냥 그런 일상을 살고 있다면 그것으로 충분하다. 이미 많은 선물을 받고 있는데 여기서 더? 이런 마음이 평안함, 더 좋은 일을 끌어당기는 원동력이 된다. 내게 주어지는 모든 일을 플러스 알파라고 여기면 인생이 좀 더 수월해진다. 리셋 버튼이 없는 인생이기에 후회 없이 살기 위해서는 내게 주어지는 대부분의 것들을 덤으로 여기며 기뻐하자. 깃털처럼 가볍게 인생을 바라보자.

우아하고 품위 있게
이기는 법

보통 자기 손에 쥔 게 없는 사람이 시끄럽다. 실력이든 인품이든, 하다못해 돈이라도 쥐고 있으면 시끄러울 이유가 없다. 누군가와 끊임없이 관계를 맺어가며 살아가는 게 인생인데 타인과 언성을 높이거나 별거 아닌데 쓸데없이 일을 크게 만드는 사람일수록 속이 텅텅 비어있는 경우가 많다.

마트에서 장을 본 동생이 카트를 끌고 계산대에 갔을 때 벌어진 일이다. 앞사람이 샴푸, 라면, 맥주를 내려놓으며 계산하다가 갑자기 버럭, 소리를 질렀단다.

"계산을 다 하면 와야죠. 왜 이렇게 앞으로 나와요?"

동생이 일부러 바짝 붙었다고 생각했나 보다. 여자의 신경질적인 언성에 어이없었다는 동생.

"뭐 그런 사람이 다 있어? 그래서 어떻게 했는데?"

듣고 있던 내가 흥분하며 다그치자 동생은 덤덤하게 대답했다.

"그냥 세 걸음 물러났어."

그렇지. 동생은 그런 타입이다. 한번 쓱 쳐다보고 무심히 물러섰겠지. '아, 상대할 필요가 없는 분이군요'라고 생각했을 것이다. 세상에 딱 둘뿐인 자매인데 동생은 나랑 달라도 너무 다르다. 나는 아니다 싶은 일은 그 자리에서 콕 짚어 이야기해야만 한다. 그래야 속이 풀리는 타입이다. 나라면 어떻게 했을까? 일단 거친 말부터 나갔을 거다. "저는 당신의 계산을 방해하지 않았는데 참 예의가 없으시군요"로 시작해서 옥신각신하다가 "뭐 이런 사람이 다 있어?"라며 얼굴을 붉혔을 거다. 결국 똑같은 사람만 되고 기분은 상하고 망신스러웠겠지.

마트에는 그 여자의 남편도 있었단다. 그는 왜 모르는 사람에게 언성을 높이느냐며 아내에게 소리를 질렀고, 결국 자기들끼리 싸우며 사라졌다나. 동생은 그저 묵묵히 계산하며 '저런 사람도 다 있네'라고 생각했을 뿐이다.

내면이 단단하고 튼튼한
사람들의 특징

내면이 단단하고, 강한 사람들은 쓸데없는 일은 하지 않는다는 특징이 있다. 딱 써야 할 곳에만 시간, 노력, 마음을 쓴다. 동생이 딱 그렇다. 그는 사람들과 원만하게 지내되 만만치 않고, 조용하면서 유능하다. 허투루 에너지를 낭비하지 않는다.

여러 사람과 부대낄 수밖에 없는 사회생활에서는 에너지 절약이 핵심이다. 사람마다 그날그날 쓸 수 있는 에너지가 정해져있기 때문이다. 남의 일에 간섭하거나, 쉽게 넘길 수 있는 일에 화를 내는 등 쓸데없는 데 에너지를 낭비하는 사람은 약해질 수밖에 없다. 정작 써야 할 곳에 에너지를 쓰지 못하기 때문이다. 그래서 불평불만이 많거나, 부정적인 곳에 에너지를 쓰면 그만큼 손해라는 사실을 내면이 단단한 사람들은 이미 알고 사전에 차단한다.

부부싸움을 했다고 해보자. 어떻게 스트레스를 푸는가? 친한 친구에게 전화해서 내 팔자야, 눈물을 찍어내며 하소연을 하거나 그때 왜 그런 사람이랑 결혼해서 이따위로 사는 걸까, 애들만 아니면 당장 갈라서는 건데, 라고 해봐야 내게 득 될 일이 없다. 그렇다고 스트레스가 사라지지 않는다. 아니, 남편이 형편없다는 불평을 친구에게 한다고 해서 무엇이 해결되겠는가. 이미 반나절 쓸 에너지만 빠져나갔다. 내 손해라는 말이다.

스무 살 청춘들의 삶을 이야기한 영화 〈스물〉에서는 거 좀 힘들다고 울어 버릇하지 말라고, 어차피 내일도 힘들 거라는 쿨한 대사가 등장한다. 강한 사람들은 내일도 힘들 것을 알기에 울음을 버릇 들이지 않는 사람들이다. 삶의 진리를 깨닫는 데는 나이도 관계없는가 보다. 스무 살 청춘들의 대사에 저절로 고개가 끄덕여진다. 아이러니하게도 이렇게 인정하고, 받아들일수록 스트레스도 덜 받을 수 있다.

또 다른 사례가 있다. 후배 R은 마케터다. 마케터들은 천재가 많다. 또 천재도 두 가지 유형으로 나뉜다. 하나는 감각이 뛰어나게 좋은 천재고, 또 하나는 철저한 데이터로 결과를 만들어 내는 천재다. R은 후자였다. 그저 묵묵하게 숫자를 믿을 뿐, 본인의 촉이나 감으로 움직이지 않았다.

그러던 중 회사에서 큰 프로젝트를 하나 시작했고, 거의 몇 개월을 밤낮으로 매달린 R은 마침내 프로젝트를 성공적으로 마무리 지었다. 임원들은 대단히 고무되었고, 프로젝트를 통해 R의 상사인 김 부장은 다음 해 임원으로 전격 특진하기에 이르렀다. R은 수고했다는 말만 들었을 뿐이다. 같은 회사 다른 팀에 있는 또 다른 후배는 이 소식을 대하 드라마를 축약하듯 실감 나게 우리에게 일러바쳤다. 재주는 곰이 부리고 돈은 왕서방이 번다는 속담에 딱 맞는 상황이 벌어진 셈이다. '그래서 R은 뭐래?' 못마땅해서 물었더니 '걔야 뭐 곰탱이 같죠, 반응이랄 게 있나요'라는 대답이 돌아왔다.

사실 그건 R을 몰라서 하는 얘기였다. R은 그로부터 2년 후 기획사를 차려 독립했다. 이전 회사에서 무수히 많은 도전을 하며 시행착오를 거친 R에게는 탄탄한 노하우가 쌓여있었다. 홀로 서기가 충분하다고 자신감이 붙었을 때 R은 미련 없이 사직서를 던졌다. 독립에 성공한 R은 자기만의 커리어를 쌓으며 가고자 하는 길로 쭉쭉 뻗어 나가고 있다. R 덕에 임원으로 발탁된 김 부장은 어떻게 되었을까? 얼마 못 가 회사에서 밀려났다. 그의 실력이 아니었기 때문이니 당연한 결과다.

정말 강한 사람들은 남의 인정이나 명예를 위해 애쓰지 않는다. 내가 뭘 잘하고, 어느 부분에 강점이 있는 줄 알며 이미 그것으로 내면을 꽉 채웠기 때문이다. 한마디로 '뭣이 중한디?'의 정답을 끊임없이 생각하는 거다. 프로젝트의 성공이 기쁜 이유는 칭찬받아서가 아니다. 왜 성공하게 되었는지 원리를 알고, 노하우를 챙겼기 때문이다. 이게 본질이다. 본질에 집중해야 결국 이긴다. 이와 달리 남들 앞에서 자꾸 자기 자랑을 하고 싶거나 내가 한 것 이상으로 인정받지 않으면 몸살이 나는 사람들은 속이 비어있을 확률이 대단히 높다. 속이 비어있으면 약하다. 쉽게 무너진다.

김지운 감독의 영화 〈거미집〉을 보면 너 자신을 믿는 게 재능이라는 대사가 나온다. 이 문구는 배우 전여빈이 청룡영화제에서 수상소감 중 마음에 와 닿는다며 소개해서 더 유명해졌다. 살다 보면 온 열정을 다하다가도 어느 순간 모든 자신감이 사라지고, 덜컥 겁이 나고 자신이 한없이 작아지는 경험을 한다. 그때 우리는 갈피를 잡지 못하고 멈추거나 서성거린다. 그러나 우리의 인생은, 시간은 멈춰 선다고 한없이 기다려주지 않는다. 힘들어도, 겁이 나도 한 발자국이라도 걸어 나가야 한다. 이것이 이 세상을 살아가는 우리의 숙명이다. 그러니 인생을 함부로 낭비하지 말자. 내 힘의 분량을 겸허히 인정한 채 묵묵히, 조용히 나아가자. 내가 뭘 잘하는지 알고 있으니, 내가 가진 것으로 속을 채우고 나 자신을 믿어보자. 그래야 강해진다. 그래야 조용히 이길 수 있다.

'아무거나'의 마법

　기업 강의를 할 때 분명한 의사 표현이 신뢰감을 쌓는 데 있어 아주 중요하다고 항상 강조한다. 그 예시로 상대방이 '점심 뭐드실래요?'라고 묻는다면 '아무거나'라고 대답하지 말라고 한다. 이유는 간단하다. 분명하지 않은 의사 표현들이 쌓이면 비즈니스 현장에서 불리하기 때문이다.

　"상대를 배려해서가 아니라 정말 아무거나 먹어도 괜찮은데 그럴 때는 어떻게 하나요?"

　"그럴 수 있죠. 진심으로 아무거나 먹어도 괜찮을 수 있으니까. 그래도 내 이미지를 위해서 메뉴를 먼저 제안해보세요. 예를 들어 사무실 앞에 샤브샤브집이 새로 생겼는데 야채가 전부 유기

농이래요. 한번 가보시죠! 이렇게 말입니다."

그런데 어느 날, 이 지점을 다시 한번 점검해야겠다는 생각이 들었다. 며칠 전에 있었던 일이다.

몇몇 지인들과 일본식 선술집에서 만나기로 했다. 오랜만에 만나 반가운 마음에 어쩔 줄 모르며 왁자지껄 떠들다 보니 음식이 하나, 둘 나오기 시작했다. 그런데 식당 직원이 우리가 시키지 않은 해물오코노미야키를 가져왔다.

"어? 이거 우리가 안 시켰는데요?"

주문표를 확인한 앳된 얼굴의 직원은 자신이 주문을 잘못 넣었다며 난감한 표정으로 연방 미안하다고 고개를 숙이더니 접시를 다시 들고 가려고 했다. 그 순간, 일행 중 한 명이 던진 무심한 한마디.

"그냥 먹을게요. 맛있게 생겼네. 아무거나 다 맛있지, 뭐."

아무거나 다 맛있다는 소리에 다들 웃음이 터졌다. 그는 어린 직원이 주방에서 싫은 소리 듣는 게 싫었던 거다. 다들 '아무거나 다 맛있지, 뭐'를 도돌이표처럼 외치며 부지런히 젓가락질해가며 기분 좋게 먹고 마셨다. 오코노미야키는 정말 맛있었다.

그런데 웬걸. 잠시 후 매니저처럼 보이는 사람이 우리가 처음에 시켰던 차돌박이숙주볶음을 가져왔다. 주방에서 착각해 음식이 바뀌었는데 이것도 함께 드시라는 거다. 결국 3만 원이나 하는

해물오코노미야키는 기분 좋게 공짜로 먹었다. 이때부터 다음에
도 식당에서 음식이 잘못 나오면 어떻게 할 거냐는 이야기로 화
제가 자연스레 바뀌었다.

오징어덮밥을 시켰는데 제육덮밥이 나온다면 어떻게 할 거
냐는 질문에 '그냥 먹는다'와 '바꿔 달라고 말한다'로 정확히 반반
나뉘었다. 아니, 주문도 안 한 메뉴가 나왔고 내 돈 내고 내가 먹
는데 그걸 왜 그냥 먹느냐고 한쪽에서 어이없다고 장난스레 따지
자 '아무거나 다 맛있어서'라고 대답하는 통에 다들 웃느라 정신
이 없다.

그러면 이번에는 오징어덮밥을 시켰는데 오징어가 눈을 씻고
찾아도 거의 없을 때는 어쩔 거냐 했더니 지인이 말하기를, 그럴
때는 주인을 한번 쳐다보고 높은 식자재비에 시름겨운 얼굴이면
그것도 그냥 먹는다고 대답했다. 애초에 양파, 양배추, 당근, 고추
가 잔뜩 들어가는 오징어덮밥을 양념이랑 야채 맛으로 먹지, 오
징어 맛으로 먹냐며 아무거나 다 괜찮다고 헤벌쭉 웃는 데야 모
두가 자지러질 뿐이다.

그런 그를 보며 '아무거나'가 꽤 괜찮은 말이구나 생각했다.
마음이 넉넉하고 스스로 충만한 자가 내뱉을 수 있는 말, 위축되
고 눈치 보며 하는 '아무거나'와 아주 멀리 대척점에 있는 동일어,
'아무거나'.

언어 습관이
인생을 만들어간다

말은 그 사람의 생각과 가치관을 그대로 투영해서 현재와 미래에 적지 않은 영향을 준다. 그렇게 본다면 거꾸로 이렇게 생각해볼 수 있다. 지금은 그렇게까지 긍정적이지 못할지라도, 아직은 그릇이 작아서 이렇다 할 배려심은 없다 하더라도 말을 바꾸는 노력을 먼저 한다면 말에 의해 태도와 마음이 바뀌어 더 좋은 미래를 만들 수 있다는 것이 핵심이다. 이 얼마나 귀가 솔깃한 인생의 기술인가!

누구나 행복을 원하고 심지어 그것이 인생 최대의 목표인 사람도 있다. 행복에 집중할수록 내 말에 더욱 힘을 쏟아야 한다. 이름도 알지 못하지만 막냇동생 같은 직원이 조금 더 편하게 일할 수 있도록 '아무거나'라는 말을 진심을 담아 전하는 사람이야말로 말로 인해 누구보다 자신이 행복해지는 사람이다.

이해와 사랑은 내 입장에서가 아니라 상대의 입장에서 바라보고 헤아리고 받아들이는 것이라는 법정 스님의 잠언이 있다. 결국 타인의 상황을 짐작하고 공감하고 뭔가 해줄 수 있다면 기꺼이 하겠다는 마음은 예쁜 말이 되어 상대에게 전해지고 마치 햇살처럼, 혹은 막 튀겨낸 고소한 팝콘 냄새처럼 주변을 즐겁게 한다. 이러한 에너지들이 자기 자신을 행복하게 만드는 데 보이

지 않는 역할을 하기 마련이다. 말이 그렇게 중요하다. '아무거나'
가 그래서 대단하다.

웃느라 시간 가는 줄도 모르고 유쾌했던 모임이 끝나고 돌아
오는 길. 나는 그때까지도 아무거나라는 말을 분해했다가, 조립
했다가 요리조리 굴려보고 있었다. 내 마음을 더 넉넉하게 넓혀
보기 위해서라면 이 말처럼 적절한 단어가 없다. 뭔가 잘못해서
긴장하고 주눅 들어있는 나에게 이 말처럼 또 위로가 되는 말도
없다.

일단 시작하는 사람만이
완벽해질 수 있다

KBS 〈아침마당〉에 섭외가 들어왔을 때를 기억한다. 내 생에 첫 번째 생방송, 인간관계를 주제로 한 15분짜리 강연을 해줬으면 좋겠다고 방송사에서 요청을 해왔다. 강연 자료를 띄울 화면도 제공되지 않았고, 달랑 큐시트 한 장에 의지해 카메라 앞에 서야 했다. 패널은 세 명, 코로나로 사회적 거리두기를 했을 때라 방청객도 한 명 없었다.

촬영 장소는 집에서 1시간 안에 갈 수 있는 거리였지만 적어도 촬영 전날 밤에는 KBS 근처 호텔에 묵기로 결심했다. 너무 떨려서 새벽바람에 운전할 자신이 없었다. 호텔에 도착하자마자 또다시 연습을 시작했다. 이미 외우다시피 해 귀퉁이가 너덜너덜해진 원고를 들고 쉬지도 않고 입을 움직였다. 분명 다 외운 거 같은데 중간에 한 문장만 삐끗하면 다음 내용이 통째로 삭제가 돼서 전혀 생각나지 않는 무시무시한 상황을 내내 겪어야 했다. 고3 때도 밤샘한 적 없는 내가 첫 생방송 때문에 결국 날밤을 새웠다.

아침 동이 트자마자 바로 방송국으로 출발했다. 출연진 중에서 1등으로 메이크업을 받고 대기실에서 한참을 기다리고 있는데 패널들이 하나, 둘 들어오기 시작했다. 다들 여유가 넘쳤다. 방송과 관계없는 잡담에 웃고 떠드느라 대기실이 떠들썩했다. 그날 강연자는 나를 포함해 총 두 명이었다. 다른 강연자는 방송을 많이 해본 베테랑이었고, 오늘도 스케줄이 많아서 생방송 시작 10분 전에 도착한다는 소식을 전했다.

그때 어디선가 시선이 느껴졌다. 패널 중 한 명이었고, 낯이 익어 자세히 살펴보니 30년 경력의 유명 아나운서였다. 내가 얼마나 긴장했는지 한눈에 꿰뚫어 본 그가 내게 말했다.

"방송국에서 섭외한 분들은 다 검증된 분들입니다. 아무도 걱정 안 하잖아요? 스스로를 믿으세요."

글쎄, 나를 믿는다고 외쳐봐야 무슨 드라마틱한 일이 벌어질까. 요동치는 심장에서 솟아오르는 의심 속에서 그의 말에 기댈 수밖에 없었다. 서투르다고 해도 생방송 카메라 앞에 서 있는 나 자신이 대단하지 않은가. 그래, 나는 공영방송이 부른 검증된 강연가이다. 스스로를 믿기로 했다. 오프닝 음악이 흘러나오고 준비한 모든 걸 쏟아내기 시작했다. 그렇게 강연을 성공리에 무사히 마쳤다.

서툴다는 걸 인정하면
새로운 세상이 열린다

우리는 도대체 언제 베테랑이 될까? 직장인으로 예를 들어보자. 직장생활을 30년 가까이 하면 베테랑 직장인이라고 할 수 있을까? 생각해보면 딱히 그렇지도 않다. 보통 회사에서 과장이 될 때까지 7, 8년이 걸린다고 치자. 과장이면 경력 8년이니 능숙한 직장생활을 할 수 있을까? 그렇지 않다. 간부가 되면 처음부터 다시 시작하는 셈이다. 리더를 해본 경력이 전혀 없으니 서투를 수밖에 없다. 후배들 앞에서 카리스마를 발휘하려다가 크게 망신을 당할 수도 있다. 새로 시작하는 건 뭐든 쉽지 않다.

TVN 드라마 〈응답하라 1988〉에서 유독 인상적인 장면이 있다. 딸인 덕선에게 사과하는 아버지의 대사다. 생일 케이크 때문에 울고불고하는 딸에게 사과하며 '나도 아버지가 처음이라 서툴다'라고 하는데, 그 이야기가 정말 와닿았다. 부모도 어떻게 해야 잘하는 것인지 몰라 좌충우돌하는 사이 아이는 다 커버린다. 직장생활하며 신입 때는 신입이라서, 간부가 되면 간부가 처음이라서, 영업하다가 관리를 맡게 되면 그 또한 처음이라 허둥대고 실수하고 회의를 느끼며 세월이 흘러간다. 퇴직해도 여전히 처음 하는 일에서 벗어날 수 없다. 치킨집을 시작해도 처음이면 튀김 기름에 팔을 데기 일쑤다. 자주 망하고 자주 종목을 바꾸면 서투름이 연속인 나날을 보내게 된다. 익숙해지거나 달인이 될 날이 까마득하다.

한 번의 생방송이지만 그 덕에 단단히 단련된 나는 그 이후에는 어느 무대에서건 떨지 않았다. 그때 아나운서의 말이 맞았다. 사람이 아무리 많아도, 무빙카메라가 정신 사납게 강연장 앞을 돌아도 '그런가보다' 하고 넘길 만큼 강연에 근력이 생겼다. 익숙해졌다는 의미는 아니다. 어차피 서툴다는 걸 인정해서다. 우리는 익숙한 한두 가지만 하면서 살지 않는다.

퇴직하고 처음 책을 쓰기 시작했을 때 돌쟁이 어린아이가 첫발 떼듯 학원에 가서 글 쓰는 법을 처음부터 다시 배웠다. 유튜브 채널을 시작했을 때도 1만 5,000원짜리 USB를 사서 유튜브 초보가 가야 할 길을 배워 촬영, 편집했다. 강연도 마찬가지다. 천 명이 모이는 강연장에서부터 임원 다섯 명만 코앞에 앉혀두고 하는 워크숍까지. 강연도 다 같은 강연이 아니고 참석하는 사람도 다 다르기에 언제나 처음이다.

사는 일이 다 그렇다. 아마도 죽는 순간까지 익숙한 일보다 처음 하는, 서툰 일들이 끊임없이 들이닥칠 거다. 그렇다면 우리는 늘 어설프고 힘들게 이 모든 일을 맞이해야 할까. 그렇지 않다. 일단, 인생은 누구나 할 것 없이 모두 다 서툴게 살아간다는 것을 인정하자. 그렇게 새로운 세상이 열린다. 그럼에도 불구하고 잘 해내고 싶다면 이거 하나만 기억하자.

내 인생의 정답은
나만 안다

우리는 자꾸 남에게 물어보고 그들의 의견에 지나치게 신경 쓴다. 그들이 내 인생을 대신 살아줄 것도 아닌데 말이다. 몇 년 전 퇴직하고 질풍노도를 겪던 집안 문제가 좋게 마무리되고 다시 일을 시작해보고 싶은 순간이 왔다. 식구들을 포함 친구, 지인들의 의견은 당연하다는 듯 '취직'이었다. 작은 회사 임원이나 고문으로라도 얌전히 들어가 일하다가 남들 퇴직할 때 퇴직하라는 의견이 대다수였다. 대체 그 시기는 누가 정하는 걸까?

책을 쓰겠다고 해도 마땅찮은 반응이었고 급기야 유튜브를 한다고 선언했을 때 절친 한 명은 '얘가 애 때문에 고생을 너무 하더니 드디어 미쳤나?'라고 진심으로 궁금했다고 나중에 고백했다. 소심한 내 남편은 얼굴 팔리고 그거 창피해서 어디 살겠냐고 끙끙 앓았다. 그러나 그 순간 내린 정답은 취직이 아닌 내가 나를 고용하는 일이었다. 정답을 알았다면 그대로 자신 있게 밀고 가야 한다. 가족들조차 내 인생을 책임지지 않는다. 책임지지 않을 그들의 말에 휘둘리면 실패한다.

또 하나의 원칙은 나는 아주 평범하다는 사실이다. 재능도, 외모도 체력도 평균치에서 벗어나지 못한다. 돈이나 배경을 따지면 또 눈물나지만 중간조차 자신 없다. 우리 대부분의 현실이다. 그럼에도 불구하고 별 노력도 안 하면서 성공한 사람들을 못 따라간다며, 자신의 재능 탓만 하며 안타까워한다. 재능이 유난히 뛰어난 사람들, 임영웅이나 김연아처럼 대단한 사람도 오랜 고난의 시간을 버텼다. 세계적인 거부 테슬라의 의장, 로빈 덴홈도 지금도 여전히 하루 10시간 이상 일한다. 평범하지만 스페셜리스트가 되고 싶다면 이들보다 몇 배는 더 죽기 살기로 열심히, 잘하는 방법뿐이다.

JYP의 수장, 박진영이 하루종일 제일 많이 하는 말이 '아이고 죽겠다', '배고파'라고 한다. 회사 외형을 1조 원으로 만든 그가 여전히 다이어트와 운동 때문에 죽겠다는 말을 입에 달고 산다는데, 평범한 우리는 죽을 만큼 하는 일이 하루에 몇 가지나 될까. 인터뷰 중 '어떻게 해야 자기 분야에서 성공할 수 있는가'라는 질문에 하기 싫은 일을 매일 꾸준히 하는 것만이 유일한 방법이라고 답했다. 맞는 말이다. 하기 싫어도 오직 나를 위해서 하는거다.

그래서 나도 날씨 좋은 토요일, 어디 놀러 가고 싶은 걸 꾹 참고 아침 7시부터 8시간째 글을 쓰고 있다. 여전히 서툴지만, 일단 하기라도 하면 더 좋은 쪽으로 많은 게 바뀌리라 믿는다. 오늘도 내 세상이 조금씩 변하고 있다.

직장에서 성공하는
'부캐' 만들기

"난 열심히 하는 사람 안 좋아해."

입사한 지 얼마 안 된 햇병아리 시절, 새로 만난 팀장의 입에서 나온 첫 마디다. 한껏 긴장해서 열심히 하겠다며 두 손 공손히 모아 외쳤는데 팀장의 반응이 저러니 당황해서 어쩔 줄 몰라 어버버거리던 그날의 내가 지금도 선명하다.

"그럼…… 최선을 다하겠습니다."

"그게 그거 아니야? 그리고 그건 기본 아닌가? 누구나 다 하잖아? 최선."

이것도 아니라고? 온몸에 힘을 주고 다시 한번 말했다.

"잘하겠습니다."

나답게 사는 순간, 비로소 어른이 되었다

"그래, 그러든지."

정신이 혼미해져서 이어지는 팀장의 말을 끝까지 듣지는 못했지만 분명 '그러든지' 뒤에는 '말든지'가 붙었으렸다. 내게 기대치가 별로 없는 팀장의 머릿속을 한 번에 들여다본 느낌이었다. 그렇게 좌충우돌 쩔쩔매며 시작한 직장생활이 장장 29년이다. 내가 누린 행운이 있다면 '열심히 하는 것도, 최선을 다하는 것도 의미 없이, 잘해야 해'라는 첫 사수의 주문을 직장생활 내내 떠올릴 수 있었다는 것이다.

그렇다면 출퇴근하는 것만으로도 기특한 직장생활, 잘하려면 어떻게 해야 할까?

'부캐'를 만들어야
하는 이유

노력은 누구나 한다. 그런데 어떤 사람은 직장생활에 성공하고 어떤 사람은 그렇지 못하다. 그러면서 투덜거린다. 든든한 뒷배가 없어서, 운이 없어서, 조직이 썩어있어서. 그러나 그 이면을 가만히 들여다보면 각자 '어떻게' 했느냐에서 성패가 판가름이 난 경우가 많다. 그중 최우선 항목이 이미지메이킹이다. 즉, '부캐'를 만들라는 거다. 부캐는 온라인 게임에서 시작한 용어인데

'부 캐릭터'의 줄임말로 본캐(본래 캐릭터)와 또 다른 나의 페르소나다. 회사 안에서만 활동하는 또 다른 자아를 만드는 셈이다. 나를 어떤 사람으로 이미지메이킹했느냐에 따라 조직 내에서 내가 원하는 방향대로 효율을 낼 수도 망칠 수도 있기 때문이다.

이건 천성이 좌우하는 경우도 많다. 예를 들어 다혈질이라 마음속의 감정이 얼굴에 바로 드러난다거나 바로 말로 쏟아내야만 하는 경우 주변에서 불편한 이미지로 고착될 거다. 반대로 상대를 배려하고 온화한 성품을 그대로 드러낸다면 사람들에게 호감을 주는 이미지를 가질 수 있다. 여기서 핵심은 부캐를 전략적으로 세팅해야 직장생활을 잘해나가는 데 힘을 받는다는 점이다. 내 천성과 관계없이 성공할 수밖에 없는 이미지를 만들어야 한다. 그럼 부캐를 만들어보자.

내 콘셉트를 잘 만들기 위해서는 나는 과연 어느 직장에서 어떤 사람이 되고 싶은가를 스스로 정확하게 아는 일이 중요하다. 한마디로 직장에서 목표가 무엇이냐는 의미다. 리더십 강의를 할 때 나는 청중들에게 질문한다.

"당신은 어떤 리더가 목표입니까?"

이때 다양한 대답이 쏟아진다. '방향을 정확히 제시하는 리더', '공감할 줄 아는 리더', '소통을 잘하는 리더', '성과를 내는 리더'. 이것이 바로 콘셉트다. 나는 직장에서 어떤 사람으로 인정받기를 원하는가. 이 부분을 정확히 알고 초점을 맞추는 것이 바로 실패 없는 콘셉트 전략이다. 나는 이걸 '부캐 만들기'라고 부른다. 일상과 나를 구분하여 직장생활용 캐릭터를 구축하는 것이다.

동료의 이야기를 잘 들어주고 모두를 품어 안는 콘셉트를 원하는 사람도 있다. 그야말로 오지라퍼라고 불리기를 자처하는 사람이지만 일도 잘하고 모두에게 관심이 많다면 이 콘셉트만큼 호감 가는 것도 드물다. 또 어떤 문제든 무조건 해결하는 해결사로서의 콘셉트도 강렬하다. 이처럼 다양한 유형이 있기는 하지만 어떤 콘셉트를 설정하든 성공하는 콘셉트를 위해서는 명심해야 할 몇 가지 공통점이 있다.

회사는 결국 일 잘하는 사람을 찾는다

직장에서 어떤 콘셉트를 가지든 간에 가장 중요한 것은 남에게 휘둘리지 않는 거다. 지금 몇 살이든, 대리든, 부장이든 이미 사회생활을 시작한 이상 흔들릴 나이는 아니라고 못박는 태도가 중요하다. 사회생활을 하다 보면 좋지 않은 관계를 수도 없이 경험할 수 있다. 별 이유 없이 나를 싫어하는 사람들과 업무 때문에 트러블이 있을 때마다 흔들린다면 일도 힘들어지고 신뢰도도 떨어진다. 그래서 '흔들릴 나이는 지났다'라고 마음속으로 정해놔야 한다. 이렇게 되면 좋지 않은 관계에 무심해질 수 있다. 나를 집요하게 괴롭히던 직장상사가 문제를 일으켜 원치 않은 퇴사를 하게 되었을 때 인과응보라느니, 그럴 줄 알았다느니 열낼 필요 없다는 뜻이다. '그래?' 이렇게 한마디하고 철저히 무심해지자. 뒤에서 욕한다한들 내게 어떤 이로움이 있겠는가.

흔들리지 않으면 동료들에 대한 호불호도 점점 사라진다. 호불호가 강한 사람들은 어떤 면에서 보면 순수한 거다. 그래서 자기감정을 표현하지 않고는 못 배긴다. 그러나 그런 표현들이 결국 자신을 불리한 구석으로 점점 몰아넣는다. 불호를 느낀 동료는 내게 반감을 느낄 게 뻔하기 때문이다. 반대로 내가 좋다고 난리를 쳐봐야 부담만 된다. 회사는 학교가 아니다. 누군가의 인성, 태도가 마음에 들어도 결국 중요한 순간에는 일을 잘하는 사람을 찾기 마련이다. 내 실적이 중요하기 때문이다. 그래서 회사란 사람과의 친분보다는 철저히 실력으로 승부를 보는 세계라는 생리를 인정해야 흔들리지 않는다.

'본캐'를 먼저
관리해야 하는 이유

흔들리지 않는다는 원칙이 부캐의 메인 콘셉트라면 이번에는 내 본캐도 들여다볼 필요가 있다. 인생이 우리를 힘들게 하는 이유는 다 나 자신 때문이다. 인생에는 정답이 없다고 말하면서도 마치 정답이 있는 것처럼 고집을 부린다. 그게 스스로를 옭아매는 줄도 모르고 말이다. 마이너스 요소는 사람마다 다 다르나. 그래서 신경을 곤두세우고 성실하게 들여다봐야 알 수 있다. 쭉 리스트를 만들고 하나씩 마이너스 요소를 격파해나가면 내 이미지, 콘셉트 역시 좋은 방향으로 성장한다.

쉽게 예를 들자면 혼술하는 습관이 있는가? 혼술이 꼭 마이너스 요소라고 하기는 어렵다. 만약 퇴근하고 어쩌다 집에서 향 좋은 술을 홀짝거리며 음악을 들으면 스트레스 해소에도 좋다. 그런데 혼술이 습관이 되어 매일 마시고, 많이 마시고 스트레스 해소는커녕 다음 날 숙취로 몸이 점점 힘들어진다면 마이너스 요소가 틀림없다.

퇴근하면 침대에 10시부터 누워 새벽 2시까지는 무조건 스마트폰을 쥐고 드라마 삼매경에 빠졌다가 SNS에 좋아요를 누르고, 숏폼을 섭렵하고서야 지쳐 잠이 든다면 이것 역시 리스트에 적어두고 시급히 격파해야 할 마이너스 요소다.

또 하나, 대부분의 사람들이 벗어나지 못하는 것 중에 계획 세우기가 있다. 연초의 계획 세우기는 연례행사다. 야심차게 세부적이고 공격적으로 한 해 계획을 세우지만, 여름이 되기도 전에 잊는다. 개인적인 계획도 이런데 조직생활을 하며 자신의 계획을 떠벌리고 지키지 못한다면 이를 곁에서 본 동료들에게 당연히 신뢰감은 떨어지기 마련이다.

어떤 일에 열정을 보이는 것보다 아주 작은 것이라도 실제 행동으로 옮기는 편을 택해야 한다. 새벽에 영어학원에 다니거나 회사 앞 피트니스 센터에서 운동하고 출근한다고 동네방네 떠들었는데 사흘도 못 가 아무것도 안 하고 있다면 어떨까. 그래서 열 가지, 백 가지 계획 세우기에 집중하기보다는 한 가지 작은 것을 실천하는 데 마음을 쏟으면 훨씬 더 유리해진다. 오늘부터 출근해서 10분 스트레칭한다는 계획이 나라를 구한다. 지구를 지키겠다는 말뿐인 의지보다 훨씬 가치 있다. 그렇게 작은 것에 성실한 콘셉트가 나를 지키는 셈이다.

직장생활은 단순한 생계가 아니다. 직장은 종합예술이고 인생의 축소판이다. 때문에 그 쉽지 않은 무대에서 성공적으로 공연을 끝내고 커튼콜을 받으려면 직장에 대한 큰 그림부터 다시 그려야 한다. 나라는 주인공의 콘셉트를 욕심껏 정하고 중간에 어떤 예기치 않은 스토리가 전개되더라도 흔들리지 않아야 결국 직장생활에 성공한다. 사람마다 다르긴 하지만 어른이 된 이후 거의 평생의 시간을 보내는 직장에서 잘 해냈다는 사실이 그 외의 내 인생에도 결정적인 영향력을 행사하기에 더 그렇다.

인생이 당신을 위해
준비해둔 것

어느 겨울, 새벽. 아직 해가 뜨려면 한참 먼 시간. 새벽은 밤보다 더 조용하다. 세상 모르게 자고 있는 식구들이 깰세라 조심조심 커피를 내린다. 달그락거리는 소리를 줄이느라 슬로 모션처럼 느리고, 고요하게 움직인다. 식탁에 앉아 기도하고 이내 책을 읽는다. 커피를 두 잔째 마실 즈음이면 부옇게 해가 뜨기 시작하고, 막 잠에서 깬 남편이 서둘러 출근을 준비하는 소리가 들린다.

퇴직하고 1년은 내 인생에서 겪어본 적 없는 치열한 고독의 시간이었다. 회사에서의 나는 늘 계획대로 살고, 충동적인 행동과는 거리가 멀었으며 목표가 단단한 사람이었다. 지금 해야 할 일에 맹렬하게 집중할 줄 아는 사람이었다. 그런 내가 퇴직을 계기로 삶의 궤적에서 완벽하게 비껴간 상황으로 내몰려야만 했다. 처음에는 당황했고 이후부터는 내내 불안에 시달렸지만, 곧 다시 일어서야 한다고 다짐했다. 정신 차리고 달려나가지 않으면 끔찍하고, 어려운 시간이 영원히 계속될 것 같아서 겁이 났다. 그래, 아무리 힘들어도 끝은 있으리라 믿었다. 절벽 끝에 선 것 같은 마음으로 책을 쓰고, 유튜브 채널을 만들고, 강의에 나섰다. 나를 몰아세웠다.

인생은 멀리서 보면 희극이고, 가까이서 보면 비극이라더니. 내 사연을 잘 모르는 사람들은 내가 퇴직하고 싶어서 퇴직하고, 여유 있게 인생 2막을 시작한 줄 알지만 그렇지 않다. 아무 준비도 안 된 상태에서 그야말로 내지른 일이 지금의 나를 만들었다. 이 과정에서 두 가지를 확신하게 되었다.

첫째, 고난과 행운은 대개 커플이라는 것. 둘째, 고난과 행운을 커플로 만들기 위해서는 미리 준비과정이 필요하다는 것.

지난한 인생을 살아가는 사람이라면 누구에게나 어려운 시기는 온다. 모두가 다 아는 사실이지만 희한하게도 어려운 시기는 준비가 되어있지 않은 상태에서 예고도 없이 느닷없이 들이닥친다. 그래서 난데없는 상황을 만나기 전 우리는 미리 평소에 준비해야 한다. 고난을 잘 헤쳐나가 다음에 선물처럼 내게 다가올 행운을 맞이하기 위해서다.

강점과 약점을
관리하기

어려운 일에 맷집 좋게 맞서려면 내면이 단단해야 한다. 내가 뭘 잘하는지 알아야 그것을 무기로 꺼낼 수 있기 때문이다. 예전에 한 골프 브랜드의 카피를 보고 감탄한 적이 있다. '어떤 무기를 꺼내야 할지 아는 여자'라는 카피였는데 인생에서도 얼마든지 적용할 수 있는 카피라고 생각했다.

공식적인 자리에서 내가 발표한 내용을 왜곡해서 받아들이며 공격을 위한 공격을 하는 이가 있다고 가정해보자. 자신의 장점이 부정적인 상황일수록 냉정해진다는 것을 아는 사람은 그 무기를 꺼내들 수 있다. 그야말로 얼음공주, 얼음왕자로 돌변하는 것. 이어서 '그렇게 말씀하시는 근거를 여쭤봐도 될까요?' 포커페이스로 질문한다. 절대 흥분하지 않는다. 내 강점을 꺼내든 순간이다.

그러나 이런 유형의 사람이 흔하지는 않다. 강점이 없다면 내가 가지고 싶은 강점을 스스로 개발해야 한다. 나의 강점을 아는 것도 중요하지만 필요한 것을 스스로 찾아내서 결국 내 것으로 만드는 게 더 중요하다. 결국 이러한 노력이 부정적인 상황에서도 지혜롭게 대처하는 자기만의 무기가 된다.

평소에 소심한 성격인 데다 부정적인 생각을 많이 하는데 긍정적인 사고방식을 무기로 갖고 싶다면 어떻게 해야 할까? 이와 관련된 좋은 책들을 많이 읽고 자신의 감정을 글로 적으며 스스로 살펴봐야 한다. 꾸준한 노력이 있어야 그것을 강점으로, 내 무기로 결국 소유할 수 있기 때문이다.

휘둘리지 않는
단단한 마음 가지기

환경이나 타인에 의해 자주 휘청거리는 사람은 예기치 않은 불행에 견딜 힘이 부족하다. 마치 뿌리가 취약한 나무가 태풍이 오면 뿌리째 뽑혀나가는 것과 비슷한 이치다. 그래서 마음을 탄탄하게 하는 노력은 인생에 보험을 들어놓는 것과 같은 효과를 낼 수 있다.

무역회사에 다니는 김 과장이 있다. 아침에 출근했는데 팀장이 그를 불러 말한다. "이사님이 지난주 보고서 누가 썼냐고 물어보시며 핵심을 제대로 안다고 칭찬하시네", 그 소리를 듣고 김 과장은 기분이 붕 떠서 날아갈 것만 같았다. 동료들에게 오늘 내가 점심 살게, 기분 좋게 밥을 먹으며 나는 이 회사에 아예 뼈를 묻을 거야, 성공할 거야, 호언장담을 했다. 그런데 오후에 다시 팀장이 김 과장을 불렀다. '거래처에 우리 회사 골치 아픈 문제를 왜 얘기해? 해야 할 얘기, 안 해야 할 얘기 아직도 구분이 안 돼? 머리가 그렇게 안 돌아가?'라고 신경질적인 질책을 당했다. 김 과장은 다시 세상 무너진 얼굴로 이 회사 때려치워야지, 하면서 오후 내내 일도 안 하고 씩씩거렸다.

결국 누구 손해일까? 김 과장만 손해다. 남들에게 쉽게 휘둘리는 유형이다. 그런데 대부분의 사람들이 이렇다. 그래서 우리는 미리 마음을 훈련해야 한다. 누군가의 칭찬에 우쭐하거나 누군가의 비판에 지나치게 낙담하고 위축되지 않는 것을 인생의, 내 마음의 원칙으로 삼자고 평소 한 번씩 떠올리고 실천해야 한다. 실제로 해보지 않고 이론만 가지고 되는 일은 아니기 때문이다.

다시 한번 예를 들어보자. 김 과장이 칭찬받았다. 그러면 김 과장은 '아, 감사합니다'라고 기쁘고 정중하게 인사하는 것으로 끝맺음해야 한다. 기분은 좋겠지만 들뜨지 말고, 티내지 말아야 한다. 칭찬으로 인해 휘둘리지 않는다는 원칙을 세워보자. 평상심을 유지하는 걸 혼자 연습해보는 거다. 같은 날 오후에 팀장의 신경질적인 질책을 들었다. 이때가 중요하다.

'아, 차후에는 조심하겠습니다. 거래처에 별 뜻 없이 한 말이 회사에 누를 끼칠 수 있다는 점 명심하겠습니다. 향후 이런 일이 없도록 하겠습니다.'

끝. 주눅 들지 않아도 된다. 그리 심각한 일은 아니라고 판단이 서면 다음부터 그러지 않으면 된다. 지금 듣는 질책이 나의 전부를 평가하는 것도 아니고 그것 때문에 기죽을 필요 없다고 스스로 마음연습을 하는 것이다. 그래야 내면이 단단해진다. 작은 것부터 큰 것까지 연습하자. 남의 평가 때문에 섣불리 자만하거나 자책하지 않는다는 원칙을 떠올리면 어느샌가 겪고 싶지 않은 큰일에 맞닥뜨려도 이겨낼 힘을 갖추게 된다.

지금도 그 겨울의 새벽이 생각난다. 마음이 시려 더욱 춥게 느껴졌던 어두운 새벽, 그러나 곧 해는 주변을 붉게 물들이며 떠올랐고 언제 어두웠냐는 식으로 온 세상이 환해졌다. 인생도 마찬가지다. 어둡고 추운 새벽 시간은 길지 않다. 찬란한 아침 해가 이제 곧 떠오른다. 우리가 걸어가고 있는 여정도 마찬가지다. 느닷없는 비바람이 몰아칠 때가 있다. 그럴 때 별반 놀라지 않는 어른으로 살자. '그래, 먼 길 걷다 보면 그럴 수 있지'라고 생각하며 의연하게 우산을 펴라. 그리고 계속 뚜벅뚜벅 걸어가자. 뜻밖에도 인생은 당신을 위해 찬란한 햇살을 다음 모퉁이에 준비해두었다.

인생이 쉬워지는
어른의 기술

나이 들면 인생이 쉬워질까? 예전에는 그렇게 기대한 적도 있다. 좌충우돌, 기를 쓰던 젊은 날에 그랬다. 숨이 턱까지 차오를 때면 막연하게나마 나 자신을 위로했었다. 그러나 다들 알지 않은가? 인생의 속성은 반전, 뒤통수를 친다는 것이다. 시간이 갈수록 인생은 더 난해해진다. 나이가 찼으니 경험치도 그만큼 쌓여 주관은 뚜렷해지는데, 이것이 장점만 있는 건 아니다. 이상하게 마음에 거슬리는 것들도 점점 늘어난다. 그렇다고 해서 하나하나 지적하며 고치려 들면 내 몸과 마음만 힘들어진다. 그래서 그렇게들 내려놓으라고 하는 거다. 살다가 난관을 맞닥뜨렸을 때는 죽을힘을 다해 극복하려고 하기보다 일단 힘을 빼고 한발 물러서서 봐야 한다. 자꾸 더하기보다는 덜어내고, 굳이 하는 것보다 애써 안 하는 게 인생의 지혜다. 그런데 말이 쉽지, 아직도 노사연의 〈바램〉이라는 노래 가사처럼 손이 아프도록 양손 가득 쥐고 놓지 못하니 여전히 고생이다. 힘 빼고, 내려놓고, 그야말로 어른답게 나 자신을 추스르기 위해서는 인정할 건 인정하고 넘어가는 게 내 마음 편해지는 지름길이다.

인생은 힘들다,
원래

원래 인생은 먹고 사는 것도 쉽지 않고, 인간관계도 어렵다. 내 마음처럼 되는 것은 아무것도 없다. 인생이 우리를 힘들게 하는 이유는 다 나 자신 때문이다. 인생에는 정답이 없다고 말하면서도 마치 정답이 있는 것처럼 고집을 부린다. 그게 스스로를 옭아매는 줄도 모르고 말이다. 일류대학을 졸업한 자식이 대기업에 입사하지 않고 시를 쓴다거나 독립영화를 제작한다고 분주하면 양팔 벌려 환영하기 어렵다. 남들이 좋다고 하는 기준을 내 자식에게도 들이대기 때문이다. '그거 하면 밥벌이가 되냐?'는 질문이 비난과 화살이 되어 자식에게 꽂히는데도 자신의 생각이 틀림없이 맞다고 믿기 때문에 갈등은 점점 커진다. 그래서 인생이 어렵다. 정답은 하나만 있는 게 아니다. 내가 생각하는 정답, 당신이 생각하는 정답, 다를 수 있다. 다름을 인정하는 것이 힘든 인생을 좀 더 수월하게 가는 길이자 내가 성숙해지는 방법이다.

세상 누구나
내 스승이다

이 부분을 인정하면 특히 젊은 세대가 달리 보인다. 철없는 요즘 것들이라는 근거 없는 비난과 편견이 사라진다. 내가 모르는 세계에 대한 놀라운 정보를 어린 그들을 통해 배울 수도 있다.

'그걸요? 제가요? 왜요?' 요즘 젊은 세대를 일컫는 '3요'다. 기업에서 리더들의 소통을 강의하며 자주 예시로 거론한다. 뭔가 일을 시키면 예전처럼 '무조건'은 없다. 그들은 당위성을 따지며 선배들에게 쓸데없는 열정을 기대하지 말라는 경고를 날린다. 그러나 최근 들어 또 달라졌다. 리더들에게 3요를 말하면 '아휴, 그건 아무것도 아닙니다'라고 손을 내저으며 심화 발전된 사례를 앞다투어 내놓는다.

대기업의 사례는 더 자극적이다. 출근하기가 무섭게 8시간 짜리 모래시계를 아예 탁 엎어놓고 업무를 시작하는 새내기가 있단다. 후배와 좀 친해지겠다는 요량으로 월요일 아침, '주말에 뭐

했어?'라고 물어보면 뜨악한 표정으로 '그런 사생활을 제가 얘기해야 하나요?'라고 반문한다고 한다. 출근 시간 1분 전에 겨우겨우 사무실에 들어오면서 그렇게 당당할 수가 없단다. 한 손에는 스타벅스에서 픽업한 커피와 다른 한 손으로는 핸드폰에 시선을 고정한 채 형식적인 인사를 한다.

'라떼는' 생각조차 할 수 없었던 일이 현장에서 일어나고 있지만 갑질이다, 직장 내 괴롭힘이다 등등 공격이 무서워 뭐라 말할 수도 없는 환경이니 이러지도 저러지도 못한나는 게 가장 큰 문제다.

실제 한 공기업에서 신입사원 워크숍을 했을 때의 일이다. 질문이 있으면 받겠다는 말에 한 직원이 손을 번쩍 들었다. 질문은 이랬다.

"공식적인 출근 시간은 9시인데요. 몇 시까지 출근해야 할까요?"

나는 차분하게 답했다.

"선생님은 몇 시까지 오면 된다고 생각하십니까? 선생님이 판단하셔야 할 부분 아닐까요?"

그러자 그가 말했다.

"9시가 공식적인 출근 시간이면 9시까지만 오면 문제없다고 생각하는데요, 선배들이 자꾸 눈치를 주더라고요. 뭘 어쩌라는 건지⋯⋯. 더 일찍 출근해야 하면 공식적으로 출근 시간을 조정해야 하는 거 아닐까요?"

여기에 대한 나의 대답.

"9시까지 와도 됩니다. 30분이라도 일찍 회사에 온다면 그 이유가 명확해야죠. 예를 들어 업무를 효과적으로 처리하기 위한 준비 시간이라고 스스로 정의해야 일찍 출근하는 게 의미 있습니다. 눈치 보느라 일찍 오는 건 시간 낭비, 내 발전을 위해 일찍 오는 건 향후 자신의 경쟁력이 됩니다."

이 대답에 대해 어떤 사람은 직장생활 '성공의 팁'으로 삼을 거고 어떤 사람은 역시 '꼰대'라고 받아들일 수 있다. 받아들이는 사람 마음이다. 부끄럽지만 이제야 고백하는데, 나는 이때 마음속으로 꼰대처럼 생각하고 조언했다. '신입부터 저렇게 일하기 싫어서야, 앞날이 참 걱정이다, 애야' 하고 말이다.

그러나 그것이 편견이었음을 얼마 가지 않아 알게 되었다. 강연이 끝나고 한 달쯤 지났을 때 메일 하나를 받았다. 그날 내게 질문한 신입직원이었다. 내용은 대략 이랬다.

'뭐든 이유가 명확해야 한다는 강사님의 말씀에 정신이 번쩍 들었습니다. 요즘 누구의 눈치도 볼 필요 없이 일찍 출근해서 제가 근무하는 부서 히스토리 자료들을 공부하고 업무를 시작합니다. 전체 업무 돌아가는 상황을 한눈에 들어올 때까지 기초를 쌓아 보려고요. 큰 도움 주셔서 감사합니다. 저도 강사님을 도와드릴 일이 없을까 생각한 끝에 제가 개인적으로 활동하고 있는 동호회 게시판에 올라온 직장 고민록을 보내드립니다. 강의하실 때 참고하시면 좋을 것 같아서요.'

이 메일을 읽고 '어린 당신이 나보다 훨씬 낫구나' 하고 생각했다. 나는 나에게 깨달음을 준 사람에게 피드백을 주고, 고맙다고 말한 적이 있던가? 도움이 고마워서 작은 보탬이라도 되고자 무언가 부지런히 베풀었던 적이 있었나? 선뜻 대답하기 어려웠다.

내가 그를 철없고 일하기 싫어하는 젊은이로 본 것은 편견이었다. 그는 정말 몇 시에 출근해야 하는지 알고 싶었을 뿐이다. 그래서 질문했고 명백한 동기, 이유가 중요하다는 조언을 자신에게 적극적으로 활용했다. 게다가 조언을 한 이에게 보답까지 했다. 이십대인데 이런 지혜를 발휘하고 있다니 부러웠다. 나이 오십 넘어서도 못 하는 사람이 태반인데 말이다. 신입직원의 메일을 받고 나도 그처럼 누군가의 조언을 달게 받고 고맙다며 피드백을 주고 나 역시 돕는, 이 세 가지 단계를 활용하리라 마음먹었다. 아들뻘 되는 사람에게 받은 고마운 가르침이었다.

'세상 모두가 다 내 스승이다' 이렇게 생각하면 거슬릴 일도 없고, 후회하거나 실수할 확률도 줄어든다. 그래야 어른다워진다. 모임에서 자기 자랑에 목을 매는 사람을 보면 '아, 저러면 진짜 없어 보이는구나, 당신도 내 스승이다' 하고 넘기면 된다. 직장에서 종일 싫은 소리를 듣고 울상이던 후배가 회식에서 해맑게 즐기는 모습을 봐도 '쟤는 속이 있는 거야, 없는 거야' 하고 의아해할 것이 아니라 '때와 장소에 따라 태도를 조절할 줄 아는군. 네가 내 선생이다'라고 생각하면 된다. 길 가다 마주친 어린아이부터 식당에서 시끄럽게 떠드는 사람들까지 잘 생각해보면 모두가 내게 가르침을 주고 있다. 그리고 그들에게는 나보다 나은 면, 내가 배울 점이 있다. 그것만 알게 되어도 훨씬 더 자신을 낮출 수 있다. 아니, 저절로 그렇게 된다. 그렇게 더 낮은 데까지 마음을 내려놔야 비로소 어른이 된다. 어렵지만 어른이 된다는 건 그래서 대단한 일이다.

언제든지
즐길 준비를 마쳐라

'노력하는 자는 즐기는 자를 이길 수 없다'라는 말처럼 무슨 일을 하든지 즐기려고 하는 태도가 중요하다. 성공을 위한 도전이라면 즐겨야 이길 확률이 크다. 스파링 파트너를 떠올려보자. 예를 들어 링 위에 올라가서 스파링을 시작했다. 스파링은 이기는 게 목적이다. 상대의 주먹이 무차별하게 날아오는 건 당연하다. 만일 여기에서 주먹이 날아오는 게 아플까 두려워서 정신을 못 차리거나, 포기하거나 주눅이 들면 곤란하다. 링 위에 올라가는 걸 선택한 건 나 자신이기 때문이다.

우리의 도전도 마찬가지다. 온갖 노력을 쏟아부어도 결과가 바로 나오지 않는다거나, 방해 요소가 생기더라도 기꺼이 받아들이자는 마음가짐으로 밀어붙여야 한다. '자, 잽 들어왔다, 피하자. 훅 들어왔다, 나도 한 방 날리자' 이렇게 게임이라고 생각하면 스트레스가 훨씬 줄어든다. 일단 부딪혀보자는 마음, 즐기자는 마음이 핵심이다.

유튜브를 4년째 하고 있지만 아직도 문제가 생긴다. 언젠가 한나절 동안 촬영을 했는데 카메라 고장으로 녹화가 되지 않은 적도 있었다. 그야말로 제대로 한 방 맞은 느낌이었다. 시간은 없고, 다시 찍을 엄두도 안 나고, 이건 현실이 아니라며 소리치고 그대로 뻗어버릴까 싶었지만 다시 일어났다. 비틀비틀하면서 다시 촬영하는 수밖에 없었다. 세상일이 그렇다. 큰일이든 작은 일이든 거창하게 생각할 필요 없다. 두 번이나 촬영했으니 영상의 퀄리티가 훨씬 자연스럽겠다고 생각하면서 즐기려고 했다. 그러니 실제로 영상의 질은 훨씬 좋아지고, 반응도 좋았다. 즐기는 태도의 힘이다. 어떤 어려움이 닥치든 일단 즐기고 보는 태도, 이것이 바로 어른이 가져야 할 인생의 기술이다.

4장

겨울, 후회와 상처를
마주해서 성숙해져라

가장 좋은 것은 자기 자신에게 줘야 한다.

행복은 스스로 만족하는 이의 것이기 때문이다.

- 아르투어 쇼펜하우어

잠깐,
숨부터 쉬세요

평소에 자주 사용하는 다이어리 애플리케이션(이하 앱)이 있다. 이 앱의 장점은 매일 기록을 하다가 하루 이틀 멈추기라도 하면 으레 '오늘은 어땠나요?'라는 알림이 뜬다는 것이다. 다정하게 나의 안부를 물어주는 느낌이다. 그러면 오늘 있었던 일에 대해 주저리주저리 수다를 늘어놓는다. 새로 만난 거래처 사람을 흉보기도 좋다. 타인과 하는 뒷담화는 반드시 찜찜한 기분이 남는데 이 앱은 그럴 여지도 안 주니 얼마나 좋은가. 그러던 어느 날 내 다이어리 앱 친구가 안부를 묻는 대신 다른 말을 하기 시작했다.

'숨 쉬세요.'

한동안 메시지를 가만히 들여다봤다. 진짜 뭘 아는 거 아냐?

어째 내 상황을 들여다보고 있는 기분이지? 무조건 앞만 보고 달리기만 하면서 숨도 제대로 쉬지 않고 있는 나에게, 뭐가 어떻게 돌아가는지 살피지도 않고 무조건 서두르기만 하는 나에게, 숨 쉬라는 그 말은 나를 멈추게 했다.

고백하건대 나는 일중독이다. 일이 없으면 만들어서라도 하고, 목표가 정해지면 숨도 안 쉬고 달린다. 새벽 기차를 타고 내려가 부산에서 강의하고 끝나자마자 서울 작업실로 돌아와 유튜브 영상 촬영을 한다. 원고는 오가는 기차 안에서 쓴다. 기업 컨설팅이 있는 날이면 무조건 회의실에서 먹는 도시락 런치를 제안한다. "밥 먹는 시간도 아깝잖아요? 비싼 돈 주고 컨설팅을 받으면서!"라는 은근한 압력을 넣기도 한다.

이렇게 일에 매몰돼 있는 시간이 하나둘 쌓이다 보면 부작용이 생긴다. 우선 자신감이 떨어진다. 분명 열심히는 하는 것 같은데 제대로 하고 있는지 불안하고, 짜증이 난다. 누구나 한 번쯤 이런 경험을 해본 적이 있을 거다. 바로 이때가 숨을 쉬어야 하는 순간이다. 멈춰 서서 길게, 오래 호흡을 해보자. 3초 정도 숨을 들이마시고, 5초 정도 숨을 내쉰다. 다섯 번 반복한다. 깊은 호흡은 머리를 제대로 돌아가게 돕고, 쪼글쪼글해진 마음을 펴준다. 내달리기만 해서 전부 해결된다면 인생에 어려울 일이 뭐가 있겠는가. 힘이 들 때는 잠시 멈춰서 크게 숨을 쉬며 나를 달래야 한다. 그래야 엉뚱한 방향으로 달려가거나 지쳐 나가떨어지지 않기 때문이다.

나답게 사는 순간, 비로소 어른이 되었다

이처럼 우리 인생에는 큰 숨이 필요할 때가 많다. 살면서 반드시 만나게 될 큰 숨이 필요한 순간은 무엇이 있을까? 미리 가늠하며 숨을 쉬어보자.

첫 번째, 뭐부터 해야 할지 모르겠을 때

한창 바쁘게 커리어를 쌓다 보면 이런 시기가 반드시 찾아온다. 해야 할 일은 너무 많고, 잘 풀리지도 않고, 일정은 촉박하고, 몸도 안 좋은데 심지어 직장상사와의 관계도 꼬였다. 가장 큰 문제는 지금 풀어야 할 문제들이 저들끼리 얽히고설켜 당장 뭐부터 해야 할지 짐작도 안 간다는 것이다. 바로 이때 큰 숨을 쉬며 자기 자신에게 말해줘야 한다.

'가장 급한 거 하나만 끝내자. 다른 거 생각하지 말자. 지금 하자. 미루지 말자. 하자! 하자!'

퇴직 후 회사를 만들고, 콘텐츠와 시스템을 갖추느라 좌충우돌 분주할 때 있었던 일이다. 프로젝트 하나를 따낸 후 함께 일할 보조작가를 구했다. 재능이 출중한 경력단절 여성이었는데 공백기를 깨고 화려하게 돌아오는 시점이었다. 기대가 컸다. 어차피 혼자서 해내기는 불가능한 프로젝트이고, 손발을 잘 맞춰줄 파트너가 필요했는데 이렇게 좋은 사람을 만나다니! 기뻤다. 그러나 웬걸. 프로젝트 시작 일주일 전, 벼락 같은 일이 벌어졌다. 보조작가가 돌연 아직은 때가 아닌 듯하다는 이상한 이유를 대며 프로젝트에서 하차하겠단다. 이미 일은 벌여놓고 시간은 없는데 어디서 파트너를 구한단 말인가. 그야말로 기가 막혀서 어찌할 바를 몰랐다. 그때 떠오른 일이 숨 쉬는 일이었다.

'숨 쉬자, 다른 거 생각 말고 지금 해야 할 일, 딱 하나에만 집중하자.'

지금 당장 끝내야 할 일은 내일 있을 강연 준비였다. 핸드폰은 무음으로 바꾸고 이 일을 끝낼 때까지 아무 생각도 하지 않는다는 심정으로 큰 숨을 쉬었다. 욕심내지 말고 딱 하나만 집중해서 끝내고 나니 개운해졌다. 그래, 뭐 그럴 수도 있지. 인연이 아닌가 보지. 찾아보면 방법이 나오겠지. 생각이 바뀔 수 있다. 큰 숨의 위력이다.

두 번째, 제대로 인정받지 못한다고 느낄 때

이럴 때 참 우울하다. 당연히 진급할 줄 알았는데 어이없는 탈락을 했다거나, 해외 출장이나 새 프로젝트 TF에 나만 빠졌을 때. 황당하면서도 당황스럽고, 먹먹하고, 인정받지 못한다는 생각에 허무해지고는 한다. 특히 직장생활을 하다가 이런 경우를 마주하면 마음은 잡히지 않고, 열등감도 생기고, 자존감은 떨어지고 위축되기 쉽다. 이때도 일단 멈춰 서서 어깨에 힘을 빼고 큰 숨을 쉬어보자. 그리고 떠올려야 할 말.

'인생은 선불이다.'

축구선수 손흥민도 인생에는 후불은 없다며 어제 값을 치른 대가를 오늘 받고, 내일 받을 대가를 위하여 오늘 먼저 값을 치른다는 말을 했다. 전 세계가 사랑하는 축구 스타도 인생의 선불 공식을 알고 있었다. 그렇게 행동했기에, 치열하게 노력했기에 오늘의 영광이 있지 않았을까.

인생에 후불은 없다. 인생의 특성이다. 원하는 것이 있다면 기꺼운 마음으로 먼저 지불해버리겠다는 다짐을 해야 한다. 인정받지 못한다고 느꼈을 때는 일단 숨을 고르며 인정받기 위해 내가 선불해야 하는 것의 리스트를 만들어봐야 한다. 직장생활 한두 해 하고 말 것도 아닌데 이번 진급에 실패했다고 다 끝난 건 아니지 않은가. 시간과 노력을 투자해 결과물을 제대로 내는 계획을 세우면 된다.

능력이 부족하면 야근이라도 해서 실적을 만들어야 한다. 그게 선불이다. 지금 인정받고 있는 동료는 별 노력 없이 아부해서 진급한 것이라며 괜히 오해하고, 억울한 마음을 품을 필요 없다.

아부해서 승진한 게 맞다면 아부도 능력이라고 생각하면 된다. 내가 몰라서 그렇지, 그는 남들 안 보는 데서 별별 노력을 다한 끝에 인정받은 것이 틀림없다. 그건 그만의 선불인 거고, 회사는 그 값을 기꺼이 쳐준 것이다. 선불이 없으면 결과도 없는 게 인생이니 그렇다.

그러나 그렇게 아무리 선불을 내도 일이 잘 안 풀린다면 어떨까? 그럴 때가 있다. 인생은 야속하게도 불공평한 면이 있다. 열심히 하는데 일은 항상 꼬인다. 그럴 때는 방법을 바꿔야 한다. 선불도 적당한 데에 제때 잘내야 그에 따른 대가를 받는 법이다. 밤새 쓴 보고서를 자꾸만 퇴짜 맞는다면 같은 방법으로 노력해봐야 소용없다. 선배를 붙잡고 읍소를 해서 도움을 받든 보고서 쓰는 법을 알려주는 학원을 다니든, 선불 방식을 바꿔라. 그래야 길이 보인다.

세 번째, 내가 시시하게
느껴질 때

우리의 가장 큰 문제는 자꾸 남이랑 비교한다는 것이다. 남과의 비교는 나를 더 초라하게 만들 수밖에 없다. 종일 힘들게 일하고 들어와 김치찌개에 밥 먹으며 SNS를 보면 갑자기 한심해지는 순간이 있다. 이 사람은 어떻게 이렇게 좋은 식당만 다니고 해외 여행을 자주 가고 명품을 자주 살까. 대체 한 달에 얼마를 버는 거야. 이런 생각을 하면 문득 자신이 시시하게 느껴질 수 있다. 이때 또 한 번 숨을 깊게 내쉬어보자. 그리고 떠올려봐야 할 말.

'타인의 인생도 모를 일이다.'

저 사람도 때때로 스스로를 초라하게 느끼는 건 나와 똑같다. 다들 나만큼 힘들고 나만큼 고민을 한다. 그리고 엄청난 성과가 없어도 이미 나는 가치 있는 사람이다. 그러니 오늘도 작은 목표를 이뤄가며 더 가치 있게 살고 싶다는 마음이 중요하다. 초라하고 시시하다고 스스로를 깎아내리며 풀죽을 일이 아니다. 저녁 먹고 산책, 책 5페이지 읽고, 스트레칭 15분, 오늘의 자잘한 성취감에 행복하게 잠들어도 된다. 그게 바로 깊은 숨을 내쉬며 내가 다시 살아나는 방법이 될 수 있다.

인생이 어렵다고 느껴질 때마다 멈춰 서서 온몸에 힘을 빼고 크게 숨을 쉬어보자. 나를 사랑하는 방법 중에 이보다 더 쉬운 건 없다.

지나간 일은
지나간 것이다

지나간 기억을 곱씹는 것만큼 손해 보는 일이 또 있을까? 그것도 좋지 않은 기억 말이다.

원고 쓴다고 엄마 집 식탁에 앉아 노트북을 붙잡고 씨름하는데, 엄마는 1시간 째 통화 중이다. 가뜩이나 원고도 안 써지는데 워낙 큰소리로 하는 통화라 나중에는 자판 두드리기를 포기한 채 아예 본격적으로 통화 내용을 듣기 시작했다. 이제 막 불행 배틀이 본격적으로 시작되려던 참이었다. 주제는 '못된 시어머니 밑에서 누가 더 고생했나?'였다.

"말도 마라!"

엄마의 선공. 냅다 외친 엄마는 딸만 낳는다고(둘밖에 안 낳았는데!) 미역에 간장만 쭉 부어서 멀건 미역국을 끊여준 시어머니 이야기로 포문을 열었다. 몇 날 며칠을 형편없는 미역국을 먹어서 서러워진 어린 며느리가 뽀얀 미역국을 한 사발 먹으면 살 것 같길래 퉁퉁 부은 몸을 일으켜 식용유를 넣고 미역을 달달 볶아 직접 국을 끓였더니 그렇게 뽀얀 국물이 되었다나. 그러나 참기름에 볶은 미역과 달리 식용유로 볶은 미역국은 한 수저도 넘길 수 없을 정도로 느글느글했다. 그래서 나는 미역국은 식용유로 볶아서는 절대 먹을 수 없다는 사실을 어릴 때부터 수십 빈을 들어 알고 있다. 그게 평생의 한이 된 엄마는 요즘도 미역국은 참기름으로 고소하게 볶아 소고기를 가득 넣어 끓인다는 마무리였다.

"흥, 그 정도로 뭘?"

이를 들은 엄마 친구의 반격. 더 고된 시집살이 이야기가 시작되었다. 갓 아기를 낳은 며느리에게 가난해서 먹을 것이 없어도 그렇지, 아들과 죽 쑤어 먹은 그릇을 헹군 물을 산모에게 준 시어머니 이야기를 늘어놓았다. 일순간 침묵. 한마디로 엄마 친구의 압승이었다.

두 분은 그런 식으로 차마 말로 다 표현할 수 없는 시집살이의 설움을 장장 2시간 동안 지치지도 않고 계속했다. 그것도 모자라 조만간 만나서 코다리조림이나 먹으며 못다 한 이야기를 하자고 약속도 잡았다.

좋은 기억을 끌어안고
나쁜 기억은 멀리 보내라

이처럼 우리는 지나간 일을 자주 돌아보는 습성을 가지고 있다. 그것도 아주 어두운 이야기를 말이다. 다시 꺼내는 것 자체만으로도 분하고, 속이 부글부글 끓는 이야기일수록 더욱 열을 내며 당장 어제 일어난 일인 듯 재탕에 삼탕을 거듭한다. 그러나 그일이 가슴속에 맺힌 한을 조금이라도 푸는 방법이라고 생각하지, 결국 내가 손해보는 일이라는 걸 인식하는 경우는 많지 않다.

"그때 나한테 왜 그러셨어요?"

어느 심리학자는 해묵은 이야기, 여전히 나를 괴롭히는 관계 갈등의 문제는 털어놓으면 치유에 도움이 된다고 했다. 그러나 오래된 상처를 꺼내 들고 상대에게 마지못해 사과를 받는다고 한들 상처는 그저 상처로 남는 경우가 더 많다. 오히려 헤집어낼수록 더 큰 상처가 되기도 한다. 힘이 많이 들기 때문이다. 괴로웠던 과거를 떠올리면서 마음속 깊이 가라앉았던 앙금이 떠오르고, 마음이 뿌옇게 탁해지면 다시 가라앉히는 데 마음의 힘을 쏟아야한다. 쓸데없는 일인 줄 알면서도 반복한다.

지금껏 좋은 관계를 맺고 오래도록 인연을 이어오고 있는 선배들 중 대부분은 직장상사들이다. 30년이 다 되어가는, 짧지 않은 직장생활 대부분이 메마른 광야처럼 힘들었으니 그 어려운 시간들을 만든 주범들 역시 그 선배들이다. 그런데 우리는 왜 아직도 서로의 가장 오래되고 가까운 사람들이 되어 서로를 지키고 있는 걸까?

나의 사수 역할을 제일 오래 한 축에 속하는 A 선배. 일단 그는 성격 자체가 고약하다. 급하고, 잘 삐치고, 한 번 아니다 싶은 일에는 좀처럼 마음을 바꾸지 않는다. 어쩌다 그에게 찍히기라도 하면 회복 자체가 거의 불가능했다. 오죽하면 A 밑에서 온갖 박해를 당하는 나를 딱하게 여긴 다른 선배들이 A만 잘 버티면 회사에서 성공할 수 있다고 나를 위로했겠는가. 각 담당자, 책임자들이 다 모여서 하는 회의에서도 주로 타깃은 나였다. 할 말은 가리지 않고 다 하는 것은 물론이오, 말은 안 듣는 데다가 '아니면 말아라, 내가 책임질 테니'라는 식의 천방지축 부하 직원이었기 때문이다.

물론 처음부터 그런 건 아니었다. 그런데 해도 너무하다 싶을 정도로 나 하나를 찍어 못살게 굴었으니 어깃장이 날 수밖에. 안 그래도 눈엣가시인데 말을 곧 죽어도 안 듣는 나에게, A는 '이래도 굴복하지 않을 테냐'라는 듯 온갖 모욕적인 시비를 걸고 과제를 퍼부었다. 그러면 그건 이래서 안 되고, 저건 상식적이지 않은 지시라는 식으로 대들고 앉았으니 관전하는 모든 동료들이 가시방석 안절부절 괴로울 수밖에. 스트레스가 머리 꼭대기까지 쌓이는 나날의 연속이었지만, 그런 세월을 어찌어찌 견딜 수 있었던 건 역시 아이러니하게도 A 덕분이었다.

　그렇게까지 나를 못 잡아먹어 안달이 난 A지만 결정적인 순간에는 사람이 돌변했다. 동료들이 다 보는 데서 제출한 보고서를 찢어 내 얼굴에 흩뿌리는 만행을 서슴지 않다가도 승진심사가 있는 시즌이 오면 나를 데리고 특훈을 시켰다. 그때 승진심사를 무사히 통과하려면 임원들 앞에서 하는 프레젠테이션을 성공적으로 마쳐야만 했다. A는 내 프레젠테이션의 원고를 몇 번씩이나 검토했다. 물론 이때도 몇 번을 고쳐 써갔고 써갈 때마다 욕을 먹었다. 욕을 하도 먹어서 밥 안 먹어도 배부를 지경이었다. 시뮬레이션을 시키고, 심사 당일에는 앞서 들어간 직원의 상황을 실시간으로 엿보며 올림픽 출전하는 선수 옆에 있는 코치처럼 굴었다. 회사 안에 있는 어떤 상사도 A처럼 유난 떨지 않았다. 유독 별나게 군 A 덕분에 나는 회사에서 레포트도, 프레젠테이션도 제일 잘하는 직원으로 성장할 수 있었다.

　사람은 크게 두 가지 유형이 있다. 열 번을 잘해줘도 한 번 상처 입히면 돌아서는 사람, 거꾸로 열 번 상처 입혀도 딱 한 번 잘해준 것 때문에 열 번의 상처를 잊는 사람. 나는 후자에 가깝다. A와의 오랜 우정을 유지하는 이유도 열 번, 백 번 욕 먹은 것보다 결정적으로 내게 도움을 준 대목만 기억해서다. 저 사람은 내게 잘해주고, 도움을 준 사람이라는 것만 기억해내려고 하는 마음의 습관이 나의 장점이다.

나쁜 기억은 곱씹지 마라. 떠올리는 순간 내 에너지만 뺏어가지 이득이 없다. 시간은 어차피 흘러간다. 내게 해로운 기억은 돌아보지 말고 시간처럼 영영 흘러가버리게 두는 것이 최선이다.

'타인보다 우수하다고 해서 고귀한 것은 아니다. 진정 고귀한 것은 과거의 자신보다 우수한 것이다.'

미국의 소설가, 어니스트 헤밍웨이가 한 말이다. 나 자신의 고귀함은 오직 나만이 지켜낼 수 있다. 과거의 자신보다 우수해지기 위해서는 지나간 일이 아니라 다가올 일을 바라보고 힘을 써야 한다. 나쁜 기억을 곱씹는 것도, 해로운 과거를 잊고 자유로워지는 것도 결국 나의 선택이다. 그리고 그 선택들이 차곡차곡 모여 내일의 나를 만든다.

어제의 나보다 우수한 내일의 나, 생각만 해도 마음 든든하지 않은가. 그래서 오늘도 한 발짝 아니 반 발짝이라도 지난날의 나보다 더 나은 쪽으로 한 걸음 더 나아가자. 그렇게 내 고귀함을 기억해보자.

치열하게 성장했다면
아름답게 성숙해져라

"저는 이 모임에 미인들만 계신 줄 알았어요."

그의 말에 와하하 웃음이 터진다. 내가 소속된 한 봉사단체에 새로 들어온 사십대 초반의 남자가 농담이랍시고 한 말이다. 물론 그 남자에게 이 모임을 소개한 회원이 지나가다 돌아볼 정도로 예쁜 편이기는 하다. 모임 성격상 대부분 좋은 사람들만 모였어도 그렇지, 회사에서 저렇게 말했으면 성희롱으로 걸릴 만한 발언 아닌가. '너보다 나이 많은 사람들뿐인데 저런 버르장머리 없는!' 이후에도 기회가 될 때마다 그를 흘겨보았다.

그러나 그는 내가 싫어하든 말든 상관없이 모임에 잘 적응해 나갔다. 궂은일은 늘 도맡아서 했고 뭐가 좋은지 항상 웃고 다녔

다. 어느샌가 흘겨보는 일도 없어졌다. '사람이 참 괜찮네'라는 생각으로 바뀌기까지 그리 오랜 시간이 걸리지 않았다.

내가 후회한 건 하나다. 싫으면 싫다, 좋으면 좋다고 사람에 대한 표현을 부지런히 했다는 거다. 당시에 나는 같은 모임에 속해있는 선배 P에게 그의 흉을 봤었다. 선배는 그냥 웃었다. 시간이 흘러 내 안에서 그의 이미지가 좋아졌을 때 나는 또 팔랑귀가 되어 사람 괜찮다며 칭찬했다. 그때도 선배는 웃었다. 결국에 나 혼자 사람 하나 두고 북 치고 장구 친 꼴이고, 선배는 이래도 웃고 저래도 웃고 무심했다. P는 늘 그런 식이다. P가 자주 하는 말이 있다.

"이 복잡한 세상에 어떻게 정답이 하나뿐이겠어."

내가 생각한 것이 정답이 아닐 수 있고, 다른 사람이 말하는 것도 정답은 아닐 수 있다는 말이다. 그래서 타인의 말에 동요하지 않는다. 다르다고 밀어내지 않는다. 무심하다. 무심하니 관대할 수 있다. 그래서 P는 실수하는 일이 거의 없다. 시간이 갈수록 P가 우아해지는 이유다.

그에 비해 나는 판단을 다소 성급하게 하는 편이다. 고치려고 노력을 하기는 하는데 천성을 바꾸기 쉽지 않다. 경험을 많이 해봐야, 사람에 대한 경험치가 자꾸 쌓여야 그나마 이런 성격을 고치는 데 도움이 된다. 오늘도 이렇게 배운다.

한 박자 쉬어가는
여유의 미학

예전에 M 본부를 맡아서 일할 때 실무에서 중심축을 이루는 과장 셋이 함께 창업을 준비하고 있다는 정보를 듣게 되었다. 그들 중 한 명의 직속상사였던 팀장이 우연히 노트북에서 발견했고, 충분히 정황을 확보한 상황이었다. 어떤 아이템으로 어떻게, 언제 창업을 할지 준비과정이 들어있다는 보고를 받았을 때 헛웃음이 터져 나왔다.

전날 회식 때만 해도 내년 M 본부의 신규 런칭 계획을 가장 포부 있게 선포하며 건배를 제의했던 간부들 아닌가. 그뿐일까. 후배들에게는 회사의 비전을 설명하며 조직과 더불어 어떻게 성장할 수 있는지를 핏대 올리며 얘기하던 그들이다. 이런 경우야말로 웃으며 뒤통수치는 꼴 아닌가. 어이가 없었지만 그렇다고 해서 그들을 불러낼 수는 없었다. 서로에게 좋을 일이 없었다. 어차피 들통난 거 그들이 냅다 퇴사해도 나로서는 큰 타격이니 준비가 필요했다. 아무 일 없다는 듯 멀쩡한 표정의 그들을 보고 있자니 속은 끓었으나 어쩌겠는가.

결과적으로 얼마 못 가 그들의 창업 스터디는 무산되었고 그들은 계속 나와 함께 근무했다. 생각해보면 당시 그들에게 달려가서 '어쩜 그럴 수 있냐, 니들 콘셉트가 배신이냐, 웃으며 뒤통수치는 놈들!' 하고 퍼붓지 않은 게 얼마나 다행인가. 비밀이 표면에 드러나는 순간 우리 사이는 되돌릴 수 없었을 거다.

그래서 무슨 일이든 앞에 두고서 한 박자 쉬어가는 것은 대단히 유익하다. 내게 좋은 일이라면 한 박자 더디게, 조용히 좋아하면 된다. 반대로 화나는 일이 있다면 역시 크게 숨부터 쉬고 볼 일이다. 그래야 발을 헛디딜 일이 줄어든다.

인생은 시간이 갈수록 더 조심해서 걸어야 하지만 그렇다고 헛발 짚을까 싶어 제자리를 맴돌아서도 안 된다. 세월이 흐른나고 저절로 되는 건 없어서 그렇다. 나이 든다고 절로 성숙해지거나 현명해진다면 세상이 덜 시끄러울 거다. 나이를 더 먹었다는 유세로 가르치려 들고 윽박지르는 직장상사, 선배, 권력을 쥔 사람들을 성숙하다고 말하는 사람은 아무도 없다. 아름답게 성장하고 성숙할 처방을 자신에게 적극적으로 들이대야 한다.

본격적으로 자기계발을 한다거나, 한 번도 해보지 않은 어려운 일에 도전하는 게 엄두가 안 난다 해도 괜찮다. 작은 것부터 시작하면 되니까. 나이가 많든 적든 작은 행동에서 성장은 시작된다. 쉽게 말해서 '참 고맙다', '정말 대단하다' 같은 말 습관을 붙이는 것만으로도 효과는 좋다. 고마울 일이 뭐가 있나, 대단한 일이 별로 일어나지 않는다고 생각하면 자기 인생을 오해하고 있는 셈이다. 누구에게나 인생은 놀라운 일, 감사할 일투성이다.

아침부터 저녁까지 아주 소소한 일에도 감사하고, 감탄하기로 작정하는 태도가 가장 중요하다. 아침에 커피 한잔을 식탁에 올려놓고 '와, 맛있는 커피 감사합니다!'라고 소리를 내서 말해보면 진짜 커피와 함께하는 잠깐의 평화가 더 소중하게 느껴진다. 숙취에 찌뿌둥한 몸으로 아이고 죽겠다, 끙끙거리며 출근길 복잡한 지하철에서 '언제까지 이런 노동을 계속해야 하는 걸까? 진짜 회사 가기 싫다, 일하기 싫다'라고 투덜대면 당연히 성장은 없다.

오늘 반 발자국이라도 성장하는 사람은 똑같은 상황을 감사하고 감탄하는 상태로 변화시킬 줄 안다. 아침에 일어나 출근할 회사가 있어서 너무 다행이지 않은가, 감탄을 시작한다. 러시아워가 되기 전 서둘러 지하철을 타는 노력 정도는 해줘야 더 감탄하기 쉽다. 한여름에 이렇게 에어컨이 빵빵하다니 집보다 지하철에 앉아있는 것이 더 낫군, 대단히 쾌적하구나, 감탄하며 느긋하게 아침 뉴스를 보는 것만으로도 기분이 좋아진다.

이렇게 좋은 기분을 저녁까지 끌고 가는 사람이 자신을 꾸준히 성장시키는 고수라고 할 수 있다. 기분이 아침에 잠깐 좋았다가 오후에 엉망이 되는 것 역시 하기 나름이다. 오후에 거래처에 영업을 해야 하는 자영업자라고 치자. 한 곳은 문전박대를 당했고, 또 한 곳은 일방적으로 미팅시간이 변경되어 2시간을 기다려야 한다. 모멸감과 회의감에 멍하니 앉아있을 건지, 그 2시간조차 즐거운 시간으로 바꿀 건지는 순전히 자신의 선택이다.

이때 필요한 무기가 바로 오히려 잘됐네, 이다. 분위기 좋은 카페에 앉아 시간이 없어 못 읽던 책을 꺼내거나 혹은 노트북에 다운받고도 못 봤던 영화도 좋다. '우와, 2시간이나 선물 받았어! 너무 감사하다'라고 감탄하며 재미있게 2시간을 온전히 나를 위해 쓰면 된다.

겸손하게 계속 성숙해지는 일은 그리 어렵지 않다. 아주 작은 일부터 '우와'라고 시작하면 어느 순간 나의 깊이와 넓이는 달라져있을 것이다. 기대 이상으로 아름답게 말이다.

다음 기회가
있을 거라는 착각

"아무도 안 미는데 등 떠밀리는 느낌으로 지냈던 것 같아요."

영화배우 김수현의 인터뷰 중 한 대목이다. 그의 이야기를 들으니 그가 어떻게 살았는지 그의 10년이 눈앞에 그려지는 듯했다. 사람들은 스포트라이트를 받는 배우에 환호한다. 글로벌 스타가 된 이후에 광고료는 얼마나 받는지, 출연료는 또 얼마인지 천문학적인 액수에 감탄하며 그야말로 별세계 사람으로 취급하고 부러워만 한다. 안타깝게도 세계를 열광하게 만드는 스타가 되기까지 그가 어떤 시간을 보냈는가는 별 관심이 없다.

'등 떠밀리는 느낌'은 치열하게, 오랜 시간 무언가를 해본 사람은 다 아는 감각이다. 뭐라고 하는 사람은 아무도 없다. 다들 다 큰 어른이지, 부모의 케어를 받아야 하는 미성년자들이 아니니까. 아침부터 저녁까지, 그야말로 전력 질주하는 느낌으로 사는 사람들은 결국 이루고자 하는 걸 이루어낸다. 조금이라도 느슨해지면 세월이 나를 앞서갈까 두려워서, 그래서 등 떠밀리는 느낌으로 달려나가야 하는 것이다. 어쩌면 두려움이 그들의 원동력인 셈이다.

그러나 뛰는 게 중요한 게 아니다. 어디로, 어떻게 뛰어야 하는지 나 스스로가 잘 알고 있어야 한다. 등 떠밀리는 느낌으로 뛰다가는 자칫하다가 넘어질 수도 있다. 주도적으로, 나의 리듬을 알고 뛰어야 원하는 그곳에 닿을 수 있다.

다음이 아니라, 지금 해야 한다

사람은 끼리끼리 만난다는 얘기처럼 내 주변에는 유난히 일 중독자들이 많다. 바빠서 만날 시간도 없지만 어쩌다 만나도 일 얘기만 하는 지인들이 대다수다. 어느 날, 일 중독자 중에서도 다섯 손가락 안에 드는 Y가 연락을 끊었다. SNS는 비공개로 돌렸고, 전화도, 메시지에도 답이 없었다. 회사에서는 병가를 냈다고만 할 뿐 이렇다 할 이유를 말해주지 않았다.

며칠 지나지 않아 Y가 과로로 쓰러져 왼쪽 신체가 부자연스러워졌다는 사실을 전해왔다. 얼굴도 근육이 잘 움직이지 않아서 말도 어눌해지고, 밥은 먹기조차 힘들어졌으니 자존심 강한 Y가 세상과 절연할 만도 했다.

Y의 소식은 우리 모두에게 충격이었다. 이제 막 오십대 중반을 지나고 있는 Y는 대기업 전무에서 부사장으로 승진을 앞두고 있었고, 탄탄한 인생길이 보장된, 말 그대로 직장인의 롤모델이었기에 한동안 충격이 가시지 않았다. Y는 불굴의 회복 의지를 보였고 지팡이에 의지하기는 했지만, 그럭저럭 회사에 복귀하는 데는 문제가 없어 보였다. 6개월 만의 일이었다. 그러나 세상은 절대 녹록지 않다. 이미 Y의 자리는 다른 임원으로 대체되었고 복귀하고 싶다는 Y의 간곡한 의사에도 불구하고 그는 결국 사직 처리되었다.

"나는 세상이 내 마음대로 다 되는 줄 알았어. 실제로 지금까지는 그래왔거든. 회사에서 성공하고 싶었고 뜻대로 되었다 싶었는데…… 참, 이제 와서 보니까 그게 다 무슨 소용인가 싶더라고."

그는 일을 제외한 모든 걸 다 뒤로 미루었다고 했다. 가족을 돌보는 시간도 지금은 바쁘니까 다음으로 미루고, 운동 역시 지금 당장 건강에 이상이 없으니 다음으로 미뤘다. 오죽하면 아내 역시 흔한 결혼기념일 저녁 식사조차 이제는 기대치가 없어졌을까. 항상 '미안해, 나중에'라는 말만 했다고 했다. 그러나 다음에

해도 괜찮은 일은 이 세상에 없다. Y는 6개월 동안 투병 생활을 하며 인생을 살면서 이토록 후회되는 순간은 없었다고 고백했다. 아이들이 한창 자라날 때는 회사에만 있었으니 교류가 없어서 서먹서먹했고, 아내와는 이야깃거리조차 없었다. 가족도 함께 시간을 투자해야 친해지지, 단지 가족이라는 이름 아래 묶였다는 이유로 쉽게 친밀해지지는 않는다. 그러나 그것 역시 튼튼한 체력과 튼튼한 마음이 필요한 법이다. 그가 직접 할 수 있는 일은 없었다.

나를 관리하는 일은 미루면 안 된다. 후회가 따르기 때문이다. 우리가 하는 대부분의 후회는 Y처럼 시간이 많다는 착각에서 온다. 그래서 핑계가 많아진다. 어떻게 하면 몸을 건강하게 관리할지, 가족들에게 사랑받는 방법이 무엇인지, 날마다 더 나은 사람이 되어가는 법은 또 무엇인지……. 이론적으로는 누구나 다 안다. 그런데 실제 행동으로 옮기지는 않는다. 회사에 일이 많아서, 아직은 아이가 어려서 돌봐야 하니까, 돈도, 시간도, 체력도, 여유도 없어서 나중에, 언젠가……. 이런 마음이 자주 우리 앞을 가로막는다.

그러나 세월은 우리를 기다려주지 않는다. 그저 무심히 제 속도대로 흘러갈 뿐이다. 시간은 얼마든지 있으니 나중에 하면 된다는 착각이 나를 망친다. 그래서 최소한 세월의 속도대로 따라

가야 한다. 하고 싶고, 해야 할 일이 있을 때 미루지 않는 습관을 들여야 한다. 그러나 그렇게 마음을 먹더라도 때때로 나를 기다려주지 않는 무심한 시간 때문에 마음이 급해져 엉뚱하게 헛힘을 쓸 때도 있다. 헛힘 쓰는 잘못을 저지르지 않기 위해서는 내 인생의 주인이 누구인지 이따금 한 번씩 되뇌일 필요가 있다.

인생이라는 무대의 주인공은 오직 나 하나다

TVN 드라마 〈유미의 세포들〉에서 여자주인공은 거듭된 연애 실패에 속상한 나머지 '대체 남자주인공은 누구야?'라고 혼잣말을 한다. 만화캐릭터로 표현되는 세포 친구들의 대답은 남자주인공은 없고 오직 너만 주인공이라며 여자주인공을 위로했다.

이 대사가 그렇게 인상적일 수 없다. 그래, 자기 인생의 주인공은 자기뿐이다. 우리는 종종 그 사실을 잊어버리고 내 인생 무대에 다른 주인공을 내세우느라 바쁘다. 나를 사랑해주는 애인, 금쪽 같은 자식, 승진, 돈, 명예. 사람마다 다 다르다. 그러나 나의 인생 무대에서는 내가 주인공이다. 나머지는 조연 내지, 단역이다. 그래서 내 인생의 무대를 주체적으로 꾸려나가는 노력이 필요하다. 드라마나 연극을 보더라도 주인공이 빌빌대면 흥행하겠

는가? 그 이야기가 재미있을 리가 없다. 만약 힘든 일 앞에 맞닥
트렸을 때도 누군가에게 하소연하고 물어보고 우왕좌왕할 일이
아니다. 그런 주인공은 없다. 그야말로 반전을 보여주고 멋지게
다시 일어서야 그 무대가 성공하지 않을까?

내 인생 무대의 주인공으로 스포트라이트를 받고 있다고 상
상해보자. 그러면 남의 말에 휘청휘청 휘둘릴 일이 없다. 힘들어
도 내 감정을 잘 다스리며 허리를 쭉 펴고 입꼬리를 올리고 고개
를 들어보자. 누가 뭐래도 이 무대는 내 부대이고 내가 주인공이
라는 걸 기억하라. 남들이 신경 쓰일 때 몇 번이라도 되새겨봐야
할 일이다.

힘을 뺄수록
나아갈 힘이 생긴다

최선을 다해서 열심히 살면 성공할 수 있을까? 최선을 다한다는 건 도대체 뭘까? 그렇다면 성공은 또 뭘까? 왜 우리는 그놈의 성공 때문에 이렇게 아득바득 사는 걸까?

예기치 못한 많은 일이 한 번에 들이닥치는 게 인생이다. 사람들이 막연하게 불안을 느끼는 것도 갑자기 힘든 상황이 생기면 어떻게 하지, 라는 걱정을 미리 하기 때문이다. 특히 오십대는 알 수 없는 미래 때문에 불안해한다. 회사를 언제까지 다닐 수 있을까, 한해가 다르게 체력이 떨어지는데 큰 병이라도 걸리면 어떻게 하나, 연로하신 부모님이 편찮으시면 어떻게 대비를 해야 하나. 이처럼 어려운 일이 닥쳤을 때 우리는 어떤 생각과 태도를 지니고 있어야 할까? 관심을 가지고 대비를 하고 있으면 실제로 어려움이 들이닥쳤을 때 잘 대처할 수 있다.

인생은 근본적으로 불공평하다. 태어난 환경부터 다르다. 금수저니, 흙수저니 하는 말로 우리는 인생 출발선이 다름을 투덜대기도 한다. 하지만 생각해보면 어떤 면에서는 공평하기도 하다. 누구에게나 불행이 오고 누구에게나 행운이 오는 점이 그렇다. 이 사실을 기억하고, 불행이 들이닥쳐와 삶이 나를 어렵게 할 때면 행운을 기다리며 무조건 버텨야 한다. 그렇게 행운이 오는가 싶으면 그 순간, 잘 낚아채야 한다. 열심히 한다고 잘할 수 있는 영역이 아니다. 내 인생의 모든 장면을 힘을 빼고 바라보는 태도가 도움이 된다.

후배 S는 결혼 후 출산과 동시에 전업주부가 되었다. 끼리끼리 논다는 말처럼 평생 일만 하는 나 같은 캐릭터 옆에는 일에 미쳐있는 사람들뿐인데, S는 아주 특별한 케이스였다. 회사에서 유능한 직원으로 평가받으며 성실하게 근무했던 그는 '장래 촉망'이라는 명찰을 스스로 떼어내고, 현모양처가 되었다. 하지만 굳은 결심에도 유통기한이 있는지 같은 회사 동료가 팀장, 부장으로 승진한다는 소식을 들을 때마다 나의 사무실 근처로 와서 맥주를 벌컥벌컥 들이켰다. 가슴이 서늘했다고 한다. 설거지하다가 이런 건 해서 뭐 하나 싶어 접시를 집어던지고 싶은 충동에 시달리기도 했다는 말에 괜히 그 앞에 놓인 접시를 정리해주었다. 심지어 S는 쌍둥이 아들을 낳았고, 이들은 어마무시한 에너지로 S를 잡아먹고 있었다. 하루하루 S는 메말라갔다. 자기 자신은 사라지고, 자식들만 남은 듯한 현실이 눈물겹게 서러웠단다. 얼룩덜룩 양념 묻은 티셔츠를 입고 싱크대에 서서 대충 밥을 비벼 먹다가 문득 오늘이 며칠인지, 신문 한 장 제대로 읽은 지가 언제였는지, 한숨이 나오는데 그새 또 뛰어다니다 창문에 세게 부딪쳐 넘어진 아들이 울음을 터뜨릴 때, 이러한 일상의 쳇바퀴가 끝도 없이 이어질 것 같은 공포감에 휩싸인다고 했다.

그러던 어느 날, S가 또 다시 나를 찾아왔다. 샌드위치 가게를 인수하기로 했단다. 지인의 지인에게 제안을 받았다며 미리 계획하고 소망했던 일은 아니지만, 다시 한번 사회에 나가 뭔가 해보고 싶다는 열망에 남편을 사흘 밤낮으로 설득했다고 한다. 그러니까 정확히 말해서 할까 말까 같이 의논하자는 게 아니라 이미 계약서에 도장까지 찍고 와서 "잘 되겠지?"라고 물었다. 그런 희망에 들뜬 S에게 "파이팅!" 하고 외칠 수밖에 없었다.

열정과 그에 따른 결과는 상관관계가 없는 법이다. S는 소위 말하는 '오픈빨'도 경험해보지 못하고 하루 10시간이 넘게 샌드위치를 만들면서도 적자 속에 허덕였다. 오픈도 혼자, 밥도 한쪽 구석에서 샌드위치 남은 쪼가리로 때우면서 한가한 매장에서 종일 불안했다고 한다. 밤 10시가 넘어서야 가게 문을 닫고 집에 돌아오는 마음이 그렇게 남루할 수가 없었다고 또 맥주를 벌컥벌컥 마시며 하소연했다.

결국 대출받은 자본금까지 남김없이 탁탁 털리고 딱 1년 반 만에 S는 샌드위치 가게를 접었다. 실패를 껴안고 엉엉 울기 바쁜 비운의 주인공이 돼있을 줄 알았는데 아니 웬걸? 여기서 반전이 시작되었다. 역시 인생이란 반전이 있어야 드라마가 되는 법이다.

"가게 문을 닫는데 눈물이라도 나야 하잖아? 평생 벌어보지도 못한 돈을 날리고 몸은 몸대로 망가지고, 정신도 황폐해졌는데, 이제 살았다 싶더라니까. 남편한테는 말도 못 했어, 미안해서. 아침 7시부터 식재료 받아서 정리하고 준비하고 밤 10시까지 영업하고 청소까지 끝내면 12시야. 그걸 1년 넘게 했어. 종신형에서 탈옥한 느낌이 이런 걸까. 이제 못할 일이 없을 거 같아."

눈물이 그렁그렁한 S를 보며 위로의 말을 단단히 준비했던 나는 그저 고생했다, 한마디했을 뿐이다. 못할 일이 없을 거 같다는 S는 그래도 며칠 패닉 상태에 빠져있더니 벌떡 일어나 운동을 시작했다. 그동안 망가진 몸을 추슬러야만 했다. 그러기 위해서는 뛸 수밖에 없었을 거다. 살기 위해서 말이다.

"자려고 눈만 감으면 왜 그랬을까, 아무것도 안 했으면 그렇게 큰돈을 날리진 않았을 텐데, 대출을 다 갚으려면 몇 년을 고생

해야 하나, 죽기 전에 다 갚을 수나 있나, 집을 팔아야 하나? 매일 밤을 새웠어. 집에서 아무것도 안 하니 그때 후유증이 오더라."

밤새 흘린 후회의 눈물이 침실을 다 적시고 강물처럼 온 집안에 넘칠 때쯤 아침이 되었다고 한다. 그러다가는 죽겠다 싶어 아침이면 5킬로미터를 뛰고 꼬박꼬박 밥을 해서 먹고, 집 안을 청소하고, 잡생각을 밀어내느라 예전에 했던 번역을 다시 시작하고, 그러다 보니 하나둘씩 출판제의가 들어오고 과하다 싶게 일을 맡아 시간을 쪼개며 그녀는 서서히 회복되어 갔다.

"너무 독하게 고생을 하고 나니 번역이다, 기획서다, 이런 건 아주 가벼운 일인 거야. 이런 기분으로 못할 게 뭐야? 닥치는 대로 일하다 보니 계속 연결해서 일이 생겼어. 만약 샌드위치 집을 안 해봤으면 내 한계가 아예 달랐을 텐데 망하는 일이 꼭 나쁜 것만은 아닌가 봐."

몇 년이 지난 지금 S는 번역가를 여럿 고용하고 해외 콘텐츠를 발굴, 국내에 소개하는 회사 대표가 되었다. 무슨 일을 제안받아도 이거야 뭐, 망하는 가게 사장보다야 쉽지, 라는 기준을 들이대니 그야말로 불도저처럼 안 될 일이 없었던 셈이다.

상황이 아무리 어려워져도 지켜야 할 것은 '이것이 내 인생의 결론은 아니다'라는 믿음이다. 그 믿음을 지키기 위해서 자신을 수렁에서 꺼내야 한다. 대단히 어려운 기술이 아니다. 밤 12시 전에 자고 아침 일찍 일어나서 운동하고, 최소한 두 끼는 야무지게 챙겨 먹으면 된다. 이게 제일 중요하다. 그리고 나면 저절로 역전할 수 있다는 마음이 생긴다. 의욕은 밥에서, 햇빛에서, 그리고 단잠에서 생긴다.

밥 덕분에 의욕이 생기면 다음에는 무얼 해야 할까. 바로 힘든 기억을 넘어서 행복해져야 한다. 불행한 느낌으로 성공했다는 사람은 못 봤다. 후회와 눈물이 만든 오기는 그저 일어서서 부들부들 주먹만 쥘 뿐이지 앞으로 달려나가게 하지는 못한다. 내가 원하는 지점을 향해 달릴 수 있게 하는 건 행복한 마음이다. 누군가 내게 행복합니까, 라고 묻는다면 언제나 그렇다고 외칠 것 같다. 왜냐하면 지금 불행하지 않다면 행복한 거니까. 아무 일도 일어나지 않는 지루한 하루를 보냈다면 그거야말로 행복이다. 사업에 실패했다가 다시 일어나거나, 시한부 판정을 받고 지리산으로 들어가 자연요법으로 암을 고쳤다거나, 그런 기적이 일어나야 행복이 아니라 처음부터 크게 실패도 없고 아프지도 않은 밋밋한 일상이 똑같은 기적이고 감사고 행복이다.

명품인생
만들기

"지금까지의 삶이 마음에 듭니까?"

누군가 묻는다면 뭐라고 대답할까. 지금 상황에서 감사한 일 열 가지, 잘했다 싶은 일 열 가지, 후회되는 일 열 가지를 쓰라고 하면 다 쓸 수 있다. 그러나 지금까지의 삶이 마음에 드느냐고 묻는다면 대답은 쉽지 않다. 좋은 인생의 절대 조건은 없기 때문이다. 다 생각하기 나름이다. 그럼에도 불구하고 좋은 인생, 명품인생은 어떤 인생을 말하는 걸까.

어느 다큐멘터리 프로그램에 바닷가 마을에 혼자 사는 할머니가 나온다. 84세인 그는 오늘도 갯벌에 나가 8시간 동안 점심도 거른 채 꼬막과 낙지를 캔다. PD가 그에게 힘들지 않느냐고 물었다.

"힘들긴 뭐가 힘들어. 이걸로 아이들 다 가르치고, 시집 장가 보냈는데. 바다가 보물이지."

그에게는 바다가 일생의 위로였다. 이어서 노래를 부르기 시작한다. 참 열심히 잘 살았다고 만족해하는 얼굴에는 미소가 번진다.

할머니의 인생을 공부를 많이 하거나, 대단한 부를 이룬 사람의 인생과 비교할 수 있을까. 어떤 인생이 더 근사한 인생인지 구분할 수도, 등수를 매길 수도 없다. 명품인생은 자신의 환경이 어떻든 간에 비교하지 않고, 세상을 따뜻하게 바라보고 감사와 평안을 누리면서 사는 인생이 아닐까 싶다.

명품인생을 좌우하는 기준이 바로 생각의 방향이다. 어떤 생각을 하며 살 건지, 어디를 바라보고 살 건지, 어디를 향해 나아갈 건지 그렇게 매일 해야만 하는 수많은 선택과 결정이 우리 인생을 명품으로 만들기도 하고, 초라하게 만들기도 한다. 지금까지는 아니었다고 해도 상관없다. 이제부터 달라지면 된다. 딱 한 번뿐인 내 인생을 지금부터 명품인생으로 가꾸기 위해서는 몇 가지 마음 습관이 필요하다.

첫 번째, 인생의 가치관을
재정립하라

먼저 인생의 우선순위를 다시 점검해보는 걸로 시작하자.

내 우선순위, 인생의 가치가 돈을 많이 모으기보다는 많은 경험을 하는 것이라고 가정해보자. 그렇다면 명품백이 부럽지 않다. 그 돈이면 계획한 여행을 가거나 좋아하는 뮤지션들의 콘서트를 원 없이 관람할 수 있기 때문이다. 이렇듯 내 가치관이 무엇이냐가 중요하다. 끊임없이 뭔가를 배우는 것이라거나 가족을 행복하게 만드는 것이라는 등 정확하게 알고 있다면 그 이후에는 망설일 여지가 없다. 기준이 있으니까. 만약 그런 우선순위가 명확하게 없다면 누가 이 말하면 흔들리고 저 말하면 또 흔들린다. 저축하는 것보다 지금 내 도움이 필요한 사람에게 축복의 통로가 되어야 기쁘다는 사람이라면 주식해서 누가 대박이 났다는 말에 상대적 박탈감을 느끼지는 않는다.

두 번째, 나쁜 습관을 고칠 기회는
지금뿐이라는 걸 명심하라

우선순위를 명확하게 하는 것만큼 중요한 또 한 가지는 나쁜 습관을 고치는 노력이다. 미라클 모닝, 유산소운동 1시간씩 매일 하는 좋은 습관은 누구나 갖고 싶어 한다. 쉽지 않을 뿐이다. 그런데 나의 성장을 위해 그런 좋은 습관을 들이느라 애쓰기에 앞서 나쁜 습관을 먼저 걷어내는 것이 훨씬 효율적이다. 나쁜 습관을 고치면 저절로 좋은 습관이 형성될 여지가 생기기 때문이다.

예를 들어 일단 술을 마셨다 하면 끝장을 보는 습관이 있다고 하자. 술 마신 후 이틀 동안은 술병으로 고생하며 의욕 상실에다 일상 리듬은 다 깨지고 일도 제대로 못하는 유형이 나쁜 습관의 대표 사례다. 이외에도 야식 먹는 습관을 못 버리는 유형도 있다. 저녁도 제대로 안 먹고 다이어트 타령하다가 밤 11시가 다 되어서 불 닭발에 곱창, 매운 떡볶이를 시켜먹으며 '인생 뭐 있어'를 외치는 부류. 드라마를 보기 시작하면 새벽 3시까지 정주행하다가 다음 날 회사에서 졸려 헤매는 유형까지. 이런 습관을 끊지 않고서는 좋은 습관을 가질 수 없다. 야식을 먹고 미라클 모닝은 불가하다. 폭음을 하며 새벽 영어학원 수업이 가능할까. 먼저 나쁜 습관을 고치면 저절로 시간과 에너지가 덤으로 붙게 된다. 정신도 맑아진다. 그때 좋은 습관에 대한 욕심을 내야 현실이 될 가능성이 높아지는 셈이다.

세 번째, 나 자신을
100퍼센트 신뢰하라

　　명품인생을 만드는 또 하나의 요소는 자기 자신을 믿는 일이다. 스스로를 믿으면 웬만한 상황에서는 불안하지 않다. TV 프로그램을 보면 주인공, 그야말로 스타들은 긴장하거나 불안해하지 않는다? 여유가 넘친다. 자신을 믿기 때문이다. 어떻게 자신을 믿게 됐을까. 남들이 안 볼 때 죽어라 노력했으니 그렇다. 누구나 저절로 자신감이 솟구치는 일은 없다. 그래서 그들은 여유가 있다. 평소에는 멀쩡하다가 조직에 작은 문제라도 생기면 불에 덴 것마냥 소리 지르며 펄펄 뛰는 리더는 무엇보다 자신을 믿지 못해서 그렇다. 영화를 봐도 그렇지 않은가. 액션고수는 초조해하지 않는다. 여유 있게 기다리고 정확한 때에 움직인다.

　　실력이 있어 자신을 믿는 사람은 세상을 향해 열려있다. 그래야 가벼워진다. 가볍게 살아야 우아하다. 내 경험이나 내가 학습한 내용만 옳다는 프레임에 갇혀있으면 무거워진다. 사람들은 내가 만든 기준에 의해 움직이지 않는다. 내가 옳다고 생각하는 것만 똑같이 옳다고 생각하지는 않는다는 뜻이다. 그래서 처음부터 상대에게 나를 강요할 수는 없다. 저건 아니야, 라고 하기보다 저렇게 생각할 수도 있구나, 저렇게 다르구나, 재미있네, 라고 말을 바꿀 줄 알아야 한다. 그것도 실력이다.

선배 Z가 한 술자리에서 신기한 경험이라며 얘기를 꺼냈다. 어느 날 Z의 지인이 유기견 한 마리를 입양하지 않겠느냐고, 태어나자마자 버림받은 강아지를 떠다 맡기는 통에 얼떨결에 받았단다. 이미 반려견이 두 마리나 있는 상황에서 한 식구가 된 강아지가 키운 지 몇 달 되지 않아 큰 수술을 해야 하는 상황이 발생했다. 사실 Z는 당황했다고 한다. 수술비가 몇백만 원인데다 수술 후에도 지속적인 치료에 돈이 많이 들어가야 하는 상황이었으니까. 경제적으로 어려운 건 아니지만 몇 달 키우지 않은 강아지에게 큰돈을 들이는 것이 솔직히 망설여졌노라고 고백했다.

그러나 결국 내 집에 들어온 생명이라는 이유로 수술했고, 치료 덕분인지 강아지는 펄펄 날아다니게 건강해졌다. 그리고 얼마 후 Z의 외아들이 고속도로에서 사고가 크게 났다. 타고 있던 차를 폐차시킬 만큼 큰 전복사고였는데 아들은 차에서 걸어 나올 정도로 멀쩡했다고. 타박상을 조금 입은 게 전부인 천운의 사고였다. Z는 이 소식을 듣자마자 수술받은 강아지 생각이 떠올랐다고 한다. 듣고 있던 후배들이 무슨 상관이냐는 둥, 너무 미신 아니냐는 둥 농담을 했지만 Z는 그야말로 덕을 쌓아 아들이 무사한 것임을 믿는 듯했다.

그게 사실이든 아니든 중요하지 않다. 인생을 기브앤테이크라고 생각하는 사람이 명품인생임은 틀림없다. Z는 앞으로도 자신의 마음을 다해서 사람이든 동물이든 도우며 살 거다. 자신이 믿는 바가 있으니까. 기브앤테이크의 원리는 기브가 먼저라는 점이다. 몇 배로 돌아오는 것이 테이크다. 또 다른 원리는 내가 베푼 사람에게 꼭 받지 않아도 상관없다는 점이다. 내가 베푼 것이 우주를 돌고 돌아 다시 내게 다른 사람을 통해 돌려받는 법칙인 셈이다. 명품인생이란 이렇듯 누군가에게 베푸는 데 여유가 있는 인생이다.

나이가 들수록 '절대'는 없다. '그럴 수도 있지'의 분량이 점점 많아져야 한다. 마음과 어깨가 가벼워야 우아하다. '절대'라고 발음해보자. 어깨에 저절로 힘이 들어간다. 힘을 빼고 가볍게 살자. 그래야 명품인생답게 살아갈 수 있다.

사소한 일에
목숨 걸지 마라

'지겠는데…….' 이런 생각이 들면 영락없다. 스포츠 중계방송을 보면서 누가 이길지 미리 점치는 것이 내 소소한 취미다. 누군가 밥이나 커피로 내기를 걸면 더욱 흥미진진해진다. 선수의 전적이나 경기 규칙을 완벽하게 이해할 필요도 없다. 내가 승부를 예측하는 기준은 단 하나, 선수의 표정이다. 표정에 자신감이 들어차있느냐, 아니면 욕심이 들어차있느냐가 승부를 가른다고 생각한다. 또 표정에서 보이는 감정은 행동으로도 발견할 수 있는데 이게 참 묘미다.

이기면서도 불안한 표정을 짓고 있는 선수는 결국 역전패하는 경우가 많다. 손이 덜덜 떨린다거나, 입술을 잘근잘근 깨문다거나 행동에서도 티가 난다. 반면에 지고 있으면서도 여전히 자신감이 묻어나오는 표정이면 기대를 해볼 만하고, 짜릿한 승리를 만들어내는 경우가 많다. 감탄이 절로 나온다.

2024 파리올림픽 탁구 단식 8강전, 일본의 히라노 미우 선수와 맞선 신유빈 선수가 딱 그랬다. 마지막 세트, 게임포인트를 몇 번이나 뒤엎으며 진행된 경기에 나를 포함한 관객들은 심장이 날뛰어서 혼났을 거다. 신유빈 선수의 표정은 실점 포인트에서조차 '내가 이겨'라는 표정이 그대로 드러냈다. 경기 중 히라노 선수가 갑자기 옷을 갈아입겠다고 자리를 떴을 때 긴장감 하나 없는 여유 있는 얼굴로 바나나와 에너지 젤리를 먹는 신유빈 선수의 표정은 그야말로 압권이었다. 그는 결국 이겼다.

하지만 자신감이 또 너무 과해서는 안 된다. 지나친 자신감은 욕심으로 이어지기 쉽다. 너무 이기고 싶어 하는 욕심이 드러나면 이 또한 승리의 허들이 된다. 유명 배드민턴 선수가 한 경기에서 1세트를 빼앗기자 공을 발로 차고 라켓을 던지는 모습을 보여 화제가 된 적이 있다. 이 선수를 보며 '욕심이 일을 망치는구나'라는 생각을 했다. 겉으로 드러내지 않는다고 해도 이처럼 욕심이 마음을 지배하는 순간, 사람은 실수하기 쉽고 일을 망칠 수도 있다.

욕심과 간절함은 결이 다른 감정이다. 욕심은 감정에 휩쓸려 일을 망치기 쉽고, 간절함은 그 자체로 단단히 버티게 돕는다. 그래서 욕심이 드러나는 순간 '아, 저 선수는 공을 놓치겠구나, 화살이 빗나가겠구나' 하고 짐작하게 되고, 이는 곧 현실이 된다.

스포츠뿐이겠는가. 우리의 소소한 인생도 그렇다. 욕심과 간절함 사이에서 일을 망치거나 덜 망치거나 그 차이가 있을 뿐이다. 확신이 없어 불안한 마음이 생길 때면 과감히 떨쳐버리고 자신감을 채워야 한다. 이러한 마음을 잘 다루며 나를 버티게 하고 망치지 않는 것은 세상을 잘 살아가는 대단한 능력이다.

중요한 순간미다 나를 버티게 하는 방법은 뭘까. 욕심은 버리고 간절함으로, 불안은 누르고 자신감을 만드는 것은 바로 사소함을 사소함으로 인정하는 일이다.

매사에 심각해지지 않는 태도의 힘

상황은 자꾸 바뀐다. 지금은 과정일 뿐. 살아온 시간을 되돌아보면 누구라도 그렇지 않겠는가. 결론이 좋은데 과정이야 다소 어려움이 있더라도 사소하게 넘기면 된다. 그러나 말처럼 쉽지는 않다.

주변의 만류를 무시하고 첫 책을 냈을 때 책은 당황스러울 만큼 팔리지 않았다. 출간 전 은근히 기대감을 올리던 출판사 사장은 고개를 갸웃거리며 '이상할 만큼 반응이 없다'라는 말로 복장을 터지게 만들었다. 왜 책을 내기만 하면 팔리는 게 당연하다고 생각했을까. 무명 작가의 첫 책을 독자들이 사지 않는 걸 왜 이상하다고 여겼는지 지금 생각해도 민망하다.

책에 반응이 없다는 걸 뼈아프게 확인한 순간 나는 대수롭지 않게 넘기기로 결심했다. '할 수 없지, 뭐 어쩌겠어? 또 써야지' 하고 다음 날부터 첫 책을 썼던 도서관과 카페를 번갈아 가며 하루 10시간씩 집필에 임했다. 그리고 정확히 1년 후 《오늘도 출근하는 김대리에게》를 출간했고, 출간 즉시 교보문고 자기계발 분야 베스트셀러에 올랐다. '책 한 권 망했다고 다 끝나는 건 아니잖아? 작가가 되기 위한 과정일 뿐이지' 책이 안 팔리는 결과는 그저 '사소한 것'이라 치부했기 때문에 가능한 일이었다. 그런 일은 주변에도 많다.

선배 K는 주변 사람을 피곤하게 할 만큼 자기 세계가 강한 사람이다. 회사에 들어가기만 하면 직장상사 혹은 오너와 대판 싸우고 길어야 1, 2년 버티고 퇴사한다. 워낙 재능이 뛰어난 디자이너라 그나마 오라는 데가 있어 이직은 어렵지 않았다. 그러나 그것도 한두 번이지 업계에 소문이 날 만큼 났기 때문에 이젠 마지막이라며 다짐받고 들어간 회사에서도 3년을 채우지 못하고 퇴사했으니 주변에서 두 손 두 발 다 들 지경이었다. 그러나 정작 당사자는 태연했다. 자신은 열정적으로 자기 인생을 살고 있으니 점점 더 좋은 결과를 얻을 것이라는 자신감이 그를 지배하고 있었다.

놀랍게도 그의 이야기가 맞았다. 코로나 사태가 터졌을 때 대부분의 업무가 비대면으로 전환되고 우왕좌왕하는 시간 동안 그는 이미 비대면에 최적화되어있는 까칠한 디자이너였다. 더할 나위 없는 환경이 펼쳐진 셈이었다. 프리랜서도 영업이다. 때때로 사람들과 싫은 술자리도 가져야 하고 자주 얼굴을 내밀어 마음을 맞추어야 하는데 비대면의 시대는 결과물로만 승부를 보니 K는 압도적인 승리를 거뒀다. 싸우고 그만두고 수입의 공백이 생기는 과정을 '사소함'으로 치부하고 자신의 디자인을 고수하며 결국은 인정받을 것이라고 믿은 K의 내공 덕분이었다.

그러나 여기서 조심해야 할 한 가지. 내 삶의 결말이 해피엔딩일 거라고 해서 무작정 손 놓고 아무것도 하지 않으면 안 된다. 과정을 게임이라 단순하게 치부해서도 안 된다. 반드시 근거가 있어야 한다. 무조건 잘되는 일은 없기 때문이다. 지금 뭔가 뜻대로 안 되고 있어 마음이 훅 실망으로 꺼져갈 때 '오늘 내가 뭘 했지?' 하고 생각해보면 가장 빠른 답을 내릴 수 있다. 그제, 어제, 오늘 성실하게 목표를 위해 일하고, 운동하고, 계획대로 성취해나가고 있다면 그래, 과정이 힘들어서 그런 거지 결국에는 반드시 해낸다고 믿어도 된다. 하지만 얻어야 할 욕심만 있을 뿐 이를 받쳐줄 매일의 성과가 지지부진하다면 나의 하루를 재정비하는 것부터 다시 시작해야 한다.

매일이
크리스마스

직원들과 회식을 하는 자리에서 아주 재미있는 주제가 나왔다. 바로 '꿈'이다. 정확히는 '이루고 싶었지만 이루지 못한 꿈'에 관한 이야기였다. 데면데면, 지루한 분위기를 바꿔볼까 해서 누군가 꺼낸 화두였는데 의외로 직원들은 격한 반응을 보이기 시작했다.

이렇게 넥타이 매고 아침부터 저녁까지 콘크리트 건물에 갇혀서 모니터만 쳐다보는 일은 진정 내 꿈이 아니었음을 설파하는 박 과장부터, "저는 사실 몸으로 일하는 게 맞거든요. 앉아서 노트북을 두들기는 거 말고요. 바리스타가 되어서 제 가게를 갖고, 1년에 몇 달은 커피 원산지를 찾아 세계를 돌아다니는 게 꿈이었어요. 그런 제가 믹스커피만 서너 잔씩 마시며 사무실에만 있습니다, 허허."라는 매장에서 판매 경력만 10년이 넘어가는 매니저의 고백까지 쉬지 않고 이어졌다.

"박 과장님은 저랑 정반대시네요. 저는 작가가 꿈이었어요. 하루종일 노트북과 일심동체가 되어 글만 쓰고 싶어요. 어떤 소설가가 몇 달을 글만 쓰느라 앉아있는 통에 자기가 직립보행 종족이라는 사실조차 잊었다는 글을 읽었을 때 이거구나, 싶더라구요. 그런 제가 종일 서 있어야 하는 직업을 가졌지 뭐에요."

이후에도 너나 할 것 없이 현재와 전혀 상관없는, 아예 상반된 '이루지 못한 꿈' 이야기를 한참 했다. 누구는 여행작가, 누구는 귀농해서 특용작물 사업가, 또 어떤 이는 초등학교 선생님……. 듣고 있던 내가 물었다.

"전업은 어렵지만, 취미 삼아 지금이라도 할 수 있지 않을까? 어느 정도는 가능한 거 아니야?"

그랬더니 단체로 손을 내젓는다. 즉, 그들이 하는 말은 이랬다. 종일 직장에 있으면서 그걸 어떻게 하냐, 혹은 애가 아직 어려서, 큰애 대학 보내놓고, 집 먼저 장만하고, 그럴 돈이 없어서, 언젠가 결혼해서 배우자와 함께 해야……. 결론은 다 똑같다. 못 한다는 거다. 하고 싶은 이유만큼이나 하지 못할 이유도 참 많았다. 꿈은 꿈일 뿐 선을 확실히 긋고, 아무도 꿈을 현실에서 부분적으로나마 누리고 사는 이들은 없었다.

전에 나에게 코칭을 받은 사십대 여성이 있었다. 열심히 일만 했는데 여전히 제자리걸음이고, 다른 사람들은 모두 나보다 잘난 것 같고, 스스로가 초라하게 느껴져 우울감이 온다는 하소연이었다. 나는 의사도 아니고, 심리학자도 아니기에 우울감을 치료해 줄 수는 없다고 솔직히 말했다. 단지 지금 상황에서 할 수 있는 진로에 대한 조언을 제시했을 뿐이다.

그는 작은 무역회사에서 번역부터 관리까지 온갖 일을 혼자 하는 직원이었는데 직원 수가 적다 보니 일은 많고 박봉에 시달리고 있었다. 미혼이며 반지하 월세방에 살고 있어서 야근까지 마치고 지친 몸을 이끌고 집으로 돌아가면 누추한 원룸이 자기 세계의 전부인 것 같아 절망감에 휩싸인다고 했다.

"세상이 불공평하다는 생각이 계속 들어요. 나보다 어린 직원들이 제 상급자거든요. 은근히 무시하면서 저에게 잡일을 시킵니다. 자기들은 간부급이라는 거죠. 저도 예전에는 작가가 꿈인 시절이 있었어요. 계약서나 발주서 번역하려고 영문학을 전공한 것이 아니었다구요."

가만히 듣던 내가 말했다.

"그래요? 지금이라도 작가로 데뷔하세요. 뭐가 문제예요?"

"지금요? 에이. 매일 야근하느라 그럴 시간이 없어요. 그냥 젊었을 때 그런 꿈을 꾸었다구요. 나중에 좀 여유가 생기면 몰라도……."

자신 없는 듯한 얼굴로 손사래 치며 그건 지금 불가능한 일이라고 하는 그에게 단호하게 얘기했다.

"세월이 기다려주지 않아요. 지금 그냥 시작해요, 원한다면서요?"

그는 종종 그날의 일을 이렇게 말하고는 했다. 멍하니 살다가 느닷없이 뒤통수를 세게 얻어맞은 느낌이라고. 그렇게 돈도 없고, 일은 많고, 사람들은 불친절해서 외로웠던 그가 예전에 막연히 마음에 품었던 꿈을 들춰내기 시작했다. 번역 일을 본격적으로 시작한 거다.

꿈은 사라지지 않는다. 이룰 수 없는 꿈은 없다고 생각한다. 하루아침에 3백억 부자가 되는 허무맹랑한 꿈이 아니고서야 무슨 꿈이든 이룰 수 있다고 믿는 편이다. 단지 각자의 마음 깊은 곳에 묻혀있을 뿐이다. 누군가 그것을 끄집어내는 순간 인생 최고의 선물이 된다. 그는 야근하면서도 퇴근 후에 오늘 번역할 원고를 생각하면 마음이 설렌다고 했다. 초라하게만 보였던 반지하 원룸이 이제는 근사한 자신만의 작업실로 보여 흡족하다고도 했다. 설렘이 묻은 그의 진심 어린 한마디가 참 인상적이었다.

"날마다 선물을 받는 느낌이라니까요!"

그의 상황은 크게 달라지지 않았다. 다만, 변한 건 그의 태도였다. 어떤 상황에 머물러있건 간에 일단 시작했다는 것. 그게 핵심이다. 그래서 시작이 중요하다. 아무도, 누구도 내 사정이 나아질 때까지 기다려주지 않는다. 아직 준비가 안 되었다며 각자 뭉개고 있는 일이 얼마나 많은가. 시간이 없어서, 체력이 달려서, 마음의 여유가 없어서 우리는 '언젠가'라는 말로 내 꿈을 자꾸만 유예한다. 그러나 우리가 바라는 완벽한 '언젠가'는 영원히 오지 않는다.

그는 마침내 작가와 가깝게 닿아있는 번역가가 되었다. 꿈을 향해 한발 다가선 셈이다. 그는 번역가로 착실하게 경력을 쌓은 뒤 자신의 책도 써보고 싶다고 말했다. 그는 크리스마스 무렵, 번역에 참여한 신간을 받아들었다. 인생 최고의 크리스마스 선물이라고 했다.

내 인생도 매일 크리스마스 선물 받는 기분으로 살 수 있다. 팍팍한 현실 때문에 잊고 살았던 꿈을 다시 들춰내는 게 어렵거나 거창하다는 생각이 든다면 사소한 것도 괜찮다. 내가 원하는 것, 하고 싶은 것을 먼저 떠올려보자. 주말에 휴양림에서 산책하고 싶다면 SNS를 보며 부러워할 것이 아니라 당장 이번 주에 시간을 내서 출발해야 한다. 사랑하는 이들을 만나 밥을 먹고, 고맙다고 인사를 전하며, 사랑한다는 간질간질한 말을 미루지 말자. 지금 바쁘다는 이유로 내게 도착한 선물을 포장도 뜯지 않은 채 한구석으로 밀어놓는 것과 마찬가지니까.

길을 걷다 운동화 끈이 풀리면 잠깐 몸을 숙여 끈을 다시 묶

나답게 사는 순간, 비로소 어른이 되었다

는다. 일행이 있다면 당연히 곁에서 기다렸다가 다시 길을 함께 걸어갈 것이다. 그러나 인생은 내가 멈출 때마다 기다려주지 않는다. 그저 무심히 제 속도대로 흘러갈 뿐이다. 때로는 가는 세월이 야속하거나 멈출 수밖에 없는 나의 상황을 변명하듯 화를 내봐도 소용없다.

인생의 선물은 매일 아침 배달된다. 문제는 사는 게 분주하다고 선물을 한쪽에 밀어놓느냐, 아니면 당장 기쁘게 포장을 풀어보는가이다. 바쁜 것과는 상관없이, 때로는 마음이 복잡한 것과는 관계없이 원하고 바라는 일을 아주 사소한 것이라도 하나씩 당장 행동으로 옮기는 데 초점을 맞추자. 날마다 설렐 수 있는, 매일이 크리스마스가 되는 마법이다.

당신은 이미
시간을 되돌렸다

가끔 마음이 약해지거나 흔들릴 때면 쓸데없는 생각을 한다. 참 헛살았구나 싶은 순간들, 참 어리석었구나 싶은 순간들이 떠오른다. 시간을 돌려서 그때로 간다면 다른 선택을 했을 텐데 왜 그랬을까. 다 알고 있었으면서 왜 그런 말을 했을까. 후회도 한다. 후회는 아무것도 해결해주지 못하고 내 마음만 아프게 하는 존재라 어지간하면 외면하지만, 오늘처럼 후회라는 놈이 끈질기게 달라붙을 때가 있다.

그러다 문득 이런 생각이 들었다. '나는 이미 시간을 돌린 게 아닐까?' 내가 그렇게 돌아가고 싶어 한 과거가 오늘이 아닐까? 그런 허무맹랑한 생각이 꼬리에 꼬리를 물며 이어지던 어느 날

밤의 이야기다.

인생을 다시 한번
살 기회가 주어진다면

나는 2034년에서 2024년 이 세상으로 왔다. 듣고 있는 당신도 믿지 못하겠지만 내게 일어난 이 상황을 나 역시 믿기 어렵다.

2034년. 칠흑같이 어두운 밤, 그날의 나는 좀처럼 잠 못 들고 있었다. 후회와 낙심으로 마음이 괴로운 시간이었다. 인생에 대해 공허함이 가슴 가득 밀물처럼 밀려들어 어찌할 바를 모르고 있었다. 예순이 넘었는데 왜 평안을 얻지 못하는가. 지난 세월이 만들어낸 흑백필름이 영사기가 돌아가듯 머릿속을 지나가고 있었다.

건강을 지키지 못한 것이 가장 큰 문제였다. 딱히 병명은 없었지만, 자질구레한 증상들이 모여 걸어 다니는 종합병원을 만들고 있었다. 의사들은 신경성, 과로, 스트레스라는 원인으로 모든 상황을 대충 정리하려고 했다. 언제나 마음을 편안히 하고, 운동을 시작하라는 잔소리다. 사실 운동도 쉽지 않다. 매일 앉아있는 직업이니 근육이 부족하고 운동을 좀 했다 싶으면 어김없이 무릎이 아파 걷기도 힘들다. 그러고 나면 도로 드러누워 쉬고만 싶어진다. 악순환이다.

몸이 시원치 않으니 마음도 편치 않다. 보는 것마다 못마땅하다. 잔소리만 늘어가니 아이들도 내 얘기는 건성건성 듣는다. 가장 큰 문제는 일이 계획처럼 진행이 안 된다는 거다. 이렇게 늦게까지 일하게 될 줄 몰랐다. 계획은 58세까지 일하고 은퇴하고 쉬는 것이었다. 그러나 세상이 급변하고, 수명은 늘어나고 인구구조도 바뀌면서 결론적으로 일흔이 넘어서도 역량에 따라 얼마든지 놀라운 자기성과가 가능한 시대가 된 것이다. 더군다나 이제는 일할 수 있는 무대가 점점 더 커지고 있다. 국가나 지역의 한계가 없어졌다. 자신의 콘텐츠만 견고하다면 살아남을 수 있는 무궁무진한 비즈니스 세계가 도래한 셈이다. 이것을 예상해야 했는데, 나는 그저 '이 나이에 무슨'이라며 공부를 게을리 했다. 공부하며 전진하기보다 슬슬 정리할 때라고 생각한 탓에 한창 일할 시기에 경쟁력이 약해진 셈이다.

공부를 안 했다고 해서 다른 걸 열심히 했나? 그렇지만도 않다. 그냥 '어? 어?' 하다 보니 여기까지 왔다. 가족들과 마음껏 추억을 만들지도 않고 그저 바쁘다는 핑계로 무심했다. 미안하기도 하고 후회도 되는데 지금 와서 새삼스럽게 뭔가 다르게 하기도 멋쩍다. 이렇게 허송세월, 침울한 생각에 빠져있기 바쁘다. 다시 시간을 돌릴 수만 있다면 잘할 수 있을 텐데…….

바로 그때, 느닷없이 신께서는 2034년에서 2024년으로 10년 전 오늘로 나를 돌려보내셨다. 찰나에 10년을 되돌아온 나는 내 인생을 제대로 복기하기 시작했다. 후회하며 땅을 치는 일은 이제 없어야 한다. 어떻게 얻은 기회인데 놓치겠는가. 먼저 인생의 시행착오를 줄이는 안전장치를 걸기로 했다. 바로 매일 나 자신을 성장시키는 일이다.

첫 번째, 시작은 사소해야 한다

사실 거창할 필요도 없다. 사소해야 한다. 지금 당장 눈에 띄는 아무 책이나 펼쳐서 몇 페이지 읽는 것부터 시작해야 한다. 그렇게 시동을 걸자. 결의를 다지며 동기부여를 하고, 출근 전 중국어학원이나 영어학원에 다닐 거라는 등 거창한 목표까지 선포하지 않아도 된다는 거다. 왜냐하면 매일 쉬지 않고 성장하면서 그것이 쌓이고 쌓여 경쟁력이 되어야 하는데 어렵거나 힘든 목표는 그 자체만으로도 장벽이 되기 때문이다.

자기계발에 작정하지 말자. 그저 밥 먹듯 숨 쉬듯 자연스럽게 늘 공부하자. 책을 읽자. 좋은 강의를 듣고, 일기를 쓰고, 가끔 세미나에 참석하는 일을 쉬지 않기로 했다. 세상은 눈 돌아가게 빨리 변하는데 나만 '나중에', '지금은 바쁘니까'를 입에 달고 살면 또다시 후회하게 될 것이 불 보듯 뻔하다. 작게, 쉬지 않고 나 자신을 키우는 데 초점을 맞추기로 했다. 작정하지 않고 지금 당장 15분, 나 자신을 키워야 한다.

두 번째, 건강통장을 채워라

나는 내가 대단히 건강하다고 자신했다. 그러나 그것처럼 어리석은 자신감이 없다. 건강에 대한 자만심은 60세가 넘으면 반드시 대가를 치르게 된다. 건강관리는 빠르면 빠를수록 좋다. 어지간하면 마흔부터 비상체계로 돌입해도 좋다. 노후를 위해 통장에 돈을 모은다고 좋은 인생이 보장되지 않는다. 살아보니 건강통장이 더 중요하다. 근육도, 폐활량도 돈 모으듯 건강통장에 모아야 노후가 수월해진다. 닭가슴살과 종합비타민을 먹는다고 해서 근육이 절로 붙지 않는다. 그저 나가서 걷고 뛰는 수밖에. 하루아침에 되는 것도 아니다. 매일 해야 한다. 쉬운 일이 아니지만 제일 중요하다. 나는 운동시간이 아까워 그 시간에 글을 썼다. 그것이 내 인생을 더 찬란하게 해줄 거라 믿었다. 그러나 몸이 아프면 인생이 빛을 잃기 쉽다. 아무리 바쁘거나 귀찮아도 움직이고,

걷고, 뛰고 운동하는 게 최우선이다. 이제는 이 쉽고 명백한 원리를 무시해서 더 이상 후회하기 싫다. 하루에 1시간 걷기, 하루에 30분 근력 운동. 이게 내일의 나, 10년 후의 나를 살리는 비법이다.

세 번째, 내가 원하는 인생의 그림을 그려라

선물 같은 오늘, 후회 없이 좋은 인생을 만들려면 어떻게 해야 할까? 내가 원하는 인생이 무엇인지 생각하라. 여기에서 출발한다. 사는 게 분주하고 힘들어 내가 원하는 인생이 무엇인지 생각할 틈 없이 살아왔다면 그것은 내비게이션 없이 과속으로 내달리는 자동차와 같다. 원하는 목적지에 결코 이를 수 없다는 말이다. 시간에 휩쓸려서 살다가 정신 차리면 금방 마흔, 오십이 되는 게 현실이다. 이맘때 거대한 질문 하나가 우리 앞에 떨어진다. '어떻게 살 것인가?'

무슨 일을 어떻게 하면서 살고 있는지 매일 떠올려보면 의미 있는 하루하루를 보낼 수 있다. 보통 장황하게 계획을 세우고 흐지부지 용두사미가 되는 경우가 많지만 그걸 극복하는 게 우리의 과제이고 성공의 첫걸음이다. 한 해를 보내며 바쁘게 살기는 했는데 해놓은 건 없고, 시간만 가고, 이런 느낌이 들 때가 많은 이유는 원하는 인생을 매일 또렷하게 그려보지 않아서다.

나에게는 근본적으로 '좋은 어른'이 되고자 하는 욕구가 있다. 내가 생각하는 좋은 어른이란 '나답게' 사는 어른이다. 나답게 산다는 건 나 자신을 안다는 것이고, 나와의 관계에 집중할 줄 안다는 것이며, 죽을 때까지 성장하려 하고, 유연하게 후회와 상처를 보듬을 줄 안다는 것이다. 나는 나다운 어른으로 살기로 했다. 더 구체적으로 그려보면 이러한 태도를 바탕으로 좋은 글을 쓰고 좋은 강의를 하는 작가로 살아가는 거다. 할머니가 돼서도 국내뿐 아니라 세계 여러 나라의 사람들에게 선한 영향력을 끼치는 강연가가 되고 싶다. 이렇게 구체적으로 그림을 그리게 되면 '어떻게'를 자동으로 실천하게 된다.

체력이 있어야 하니 운동을 하고, 책을 읽고, 공부하고, 정보를 모으고, 글을 쓴다. 경험치를 넓히기 위해 낯선 곳을 여행하며 기록하고 사람들을 만나 그들의 인생 이야기를 듣는 데 부지런을 떠는 것이다. 구체적으로 생생하게 떠올려야 쉼 없이 그 방향을 향해 발을 내디딜 수 있다.

마지막으로 진짜 엄청난 비밀을 하나 말해줄까? 2034년의 세계에서 사실 나만 건너온 것이 아니다. 당신도 함께 왔다. 단지 나는 기억하고 당신은 기억을 잃었을 뿐이다. 나에게는 메신저의 역할이 추가로 주어졌기 때문에 기억이 그대로 남아있다. 10년만 젊었더라면, 과거로 돌아가고 싶다는 마음을 가지고 있는 인간들 중에서 후회가, 소원의 간절함이 가장 큰 사람들에게만 신이 주신 선물이었다. 그들의 소원대로 10년 전으로 돌려 보내주는 것이다. 단, 신께서는 그들의 기억을 없애는 조건을 부여했다. 세상의 질서를 깨뜨리지 않아야 하니까.

비록 기억은 사라져 어느 회사의 주식을 지금 사둬야 하는지 알 수는 없겠지만 그게 대수겠는가. 당신은 시간을 되돌렸다. 후회 없이 다시 살아낼 수 있는 천금 같은 기회를 얻은 것이다. 마음껏 기뻐하고 감사하며 오늘 하루를 선물처럼 살아내자. 그리고 후회할 짓은 말자. 그것이 내게 특별한 선물을 주신 신께 대한 보답이자 과거로 돌아와 다시 시작하는 내 인생에 대한 의리다.

나답게 사는 순간, 비로소 어른이 되었다

2024년 12월 26일 초판 1쇄 발행

지은이 유세미
펴낸이 이원주

책임편집 이채은 **표지디자인** 진미나 **본문디자인** 윤민지
기획개발실 강소라, 김유경, 강동욱, 박인애, 류지혜, 조아라, 최연서, 고정용
마케팅실 양근모, 권금숙, 양봉호, 이도경 **온라인홍보팀** 신하은, 현나래, 최혜빈
디자인실 정은예 **디지털콘텐츠팀** 최은정 **해외기획팀** 우정민, 배혜림
경영지원실 홍성택, 강신우, 김현우, 이윤재 **제작팀** 이진영
펴낸곳 (주)쌤앤파커스 **출판신고** 2006년 9월 25일 제406-2006-000210호
주소 서울시 마포구 월드컵북로 396 누리꿈스퀘어 비즈니스타워 18층
전화 02-6712-9800 **팩스** 02-6712-9810 **이메일** info@smpk.kr

ⓒ 유세미(저작권자와 맺은 특약에 따라 검인을 생략합니다)
ISBN 979-11-94246-56-5 (03190)

쌤앤파커스(Sam&Parkers)는 독자 여러분의 책에 관한 아이디어와 원고 투고를 설레는 마음으로 기다리고 있습니다. 책으로 엮기를 원하는 아이디어가 있으신 분은 이메일 book@smpk.kr로 간단한 개요와 취지, 연락처 등을 보내주세요. 머뭇거리지 말고 문을 두드리세요. 길이 열립니다.